Lukas Jansen

Der Computer-Führerschein

Persen Verlag

Der Autor Lukas Jansen

studierte in Oldenburg und Hamburg Deutsch, Mathematik und Geschichte auf Lehramt. Er ist ein erfahrener Grundschullehrer.

Hinweis

Die beiliegenden Führerscheine können Sie als Klassensatz unter der ISBN 978-3-8344-3254-4 nachbestellen.

Gedruckt auf umweltbewusst gefertigtem, chlorfrei gebleichtem und alterungsbeständigem Papier.

Nach den seit 2006 amtlich gültigen Regelungen der Rechtschreibung.

1. Auflage 2010
© Persen Verlag GmbH, Buxtehude

2. Auflage 2010
© Persen Verlag
AAP Lehrerfachverlage GmbH

Illustrationen: Julia Flasche
Satz: Satzpunkt Ursula Ewert GmbH

ISBN 978-3-8344-**3282**-7

www.persen.de

Inhaltsverzeichnis

Trainingsseiten BRONZE

1 Einschalten des Computers 7
2 Umgang mit der Maus 8
3 Ausschalten des Computers 9
4 Programme starten und schließen 10
5 Ein Bild malen mit Paint 11
6 Einführung Tastatur 12
7 Speichern von Dateien 13
8 Beenden von Programmen und Öffnen einer Datei 14
9 Fenster auf dem Desktop 15
10 Die Ordnung auf der Festplatte 16
11 Windows-Explorer 17
12 Das Suchen einer Datei 18
13 Die Bedienung des Computers mit der Tastatur 19
Die Bronze-Prüfung 20

Trainingsseiten SILBER

1 Vom Erstellen und Benennen von Ordnern 21
2 Vom Verschieben von Ordnern 22
3 Das Benennen und Umbenennen von Dateien 23
4 Das Verschieben und Löschen von Dateien 24
5 Vom Löschen und Wiederherstellen von Dateien 25
6 Word – Oberfläche 26
7 Wichtige Tasten (1) und (2) 27
8 Word – Speichern 29
9 Word – Klein- und Großschreibung 30
10 Word – Kopieren, Ausschneiden und Einfügen 31
11/12 Word – Schriften (1) und (2) 32
13 Word – Neues Dokument 34
14/15 Word – Drucken von Dateien (1) und (2) 35
16/17 Word – WordArt (1) und (2) 37
18 Word – Einfügen von ClipArts und Formen 39
19 Word – Seitenzahlen 40
20 Word – Einfügen von Tabellen 41
21 Word – Tastenkombinationen 42
22 Internet 43
23 Internet – Der Browser 44
24 Internet – Hyperlinks 45
25/26 Die wichtigsten Buttons des Internet Explorers (1) und (2) 46
27 Internet – Seitensuche nutzen und Filme abspielen 48
28 Internet – Texte kopieren 49
29 Internet – Bilder kopieren 50
Die Silber-Prüfung 51

Inhaltsverzeichnis

Trainingsseiten

GOLD

1 Excel – Einführung ... 52
2 Excel – Tabellenkalkulation ... 53
3 Excel – Einfache Diagramme herstellen ... 54
4 Word – Überschriften ... 56
5 Word – Schriftformatierungen ... 57
6 Word – Bilder verschieben und die Größe verändern ... 58
7 Word – Rechtschreibung und Grammatik überprüfen ... 59
8 Word – Synonyme ... 60
9 Tastenkombination Windows ... 61
10 E-Mail-Verkehr ... 62
11 E-Mail-Anhang ... 64
12 Sicherheit im Internet (1) – Persönliche Daten ... 65
13 Sicherheit im Internet (2) – Chat ... 66
14 Sicherheit im Internet (3) – Passwörter ... 67
15 Sicherheit im Internet (4) – Viren ... 68
16 Internet – Netiquette ... 69
17 Internet – Suchstrategien ... 71
18 Internet – Vertrauenswürdige Quellen ... 73
Die Gold-Prüfung ... 74

Anhang

Computer-Lexikon ... 75
Übersicht Bronze-Training ... 77
Übersicht Silber-Training ... 79
Übersicht Gold-Training ... 81
Praktische Hinweise für die Lehrkräfte ... 83

Die Arbeitsblätter basieren auf Windows XP, Word 2007 und Excel 2007.

Vorwort

Der Begriff Medienkompetenz ist nicht nur in den Lehrplänen, sondern auch in der aktuellen Diskussion ein zentraler Begriff. Immer schneller verändern sich die neuen Medien: Das Web 2.0 erlaubt es ohne vertiefte Kenntnisse, im Internet eigene Inhalte zu veröffentlichen, ein Computer mit Internetzugang steht in 73 % der privaten Haushalte in Deutschland, mehr als 60 % aller Berufstätigen nutzen alltäglich einen PC am Arbeitsplatz und die Informationsbeschaffung verläuft zunehmend über das World-Wide-Web.
Kurzum: Der PC ist aus Beruf und Alltag nicht mehr wegzudenken und die Bedienung und richtige Verwendung der Neuen Medien ist sehr wichtig.
Dementsprechend fordern die Lehrpläne schon früh eine Heranführung der Schüler[1] an die richtige Nutzung von PC und Internet von der Grundschule an.

Warum nun ein Computer-Führerschein für die Grundschule?

Den Führerschein für den Straßenverkehr erwirbt man mit einer Führerscheinprüfung. Man übt so lange, bis man die Prüfung besteht. Ebenso ist es beim Computer-Führerschein. Der Anreiz, einen Führerschein zu erhalten, bedeutet eine sehr hohe Motivation für die Schüler. Der Lerngegenstand „Computer“ verstärkt die Motivation sicher noch zusätzlich.
Ziel des Führerscheins ist es, den Schülern die wichtigsten Basiskompetenzen zu vermitteln, welche im Fachunterricht an den weiterführenden Schulen vertieft werden.

Der Führerschein ist in die Kapitel Bronze, Silber und Gold unterteilt. Die Anforderungen, die an die Schüler gestellt werden, steigen im Trainingsprogramm kontinuierlich an und erlernte Techniken werden weiter vertieft:

1. Beim Bronze-Training ist das Niveau der Trainingsseiten recht niedrig angesetzt, denn häufig sind es die fehlenden Grundlagen, die den Kindern die Aneignung schwierigerer Inhalte und Techniken erschweren.
   Themenschwerpunkt ist hier das Betriebssystem Windows XP und das Zurechtfinden in diesem Programm.
   Bei leistungsschwächeren Schülern bietet es sich an (u.a. zum Vertiefen der motorischen Fähigkeiten im Umgang mit der Maus), diese an Lernsoftware zu den Unterrichtsthemen üben zu lassen.
   Leistungsstärkeren Schülern werden unten auf den Seiten Zusatzaufgaben angeboten.

2. Beim Silber-Training werden die Schüler an das Schreibprogramm Word 2007, an das Internet und den Browser Internet Explorer 8 herangeführt.

3. Das Gold-Training geht über die Vermittlung von Techniken und Anleitungen zur Bedienung der Programme hinaus. Neben den „technical skills“ (dem ersten Umgang mit dem Tabellenkalkulationsprogramm Excel 2007, der vertiefenden Arbeit mit Word 2007 und dem ersten Kontakt mit E-Mails) stehen hier vor allem Bereiche wie Suchstrategien, die Erzeugung einer ersten kritischen Haltung zum Inhalt von Internetseiten und zum Umgang miteinander im Internet im Vordergrund.

[1] Aufgrund der besseren Lesbarkeit wird im Text nur die männliche Form verwendet. Selbstverständlich sind alle Schülerinnen und Lehrerinnen mit eingeschlossen.

Die Arbeitsblätter sind durch ihre Kleinschrittigkeit so angelegt, dass jedes Kind die Anleitungen und Aufgaben versteht und selbstständig in der Freiarbeit bearbeiten kann. Nicht alle Kinder müssen jedes Blatt zur gleichen Zeit bearbeiten (was aufgrund der schulischen Computerausstattung häufig unmöglich ist). Aufgrund des aufeinander aufbauenden Kurscharakters sollten die Schüler jedoch nach und nach alle Blätter erhalten. Sollte die entsprechende Software (siehe Softwareauswahl) auf dem Familien-PC der Schüler zuhause installiert sein, können die Schüler die Arbeitsblätter auch als Hausaufgabe bearbeiten. Voraussetzung ist dabei, dass die Schüler einen USB-Stick zum Datentransport der Arbeitsergebnisse besitzen. Die Arbeitsergebnisse werden nämlich häufig als Datei in einem von den Schülern selbst erstellten Ordner abgespeichert.
Die optimale Arbeitsweise mit dem Computer-Führerschein wäre, wenn die Schüler die Arbeitsblätter individuell bearbeiten und sich nach absolviertem Training freiwillig zur Prüfung melden, wenn sie das Gefühl haben, die entsprechenden Voraussetzungen erreicht zu haben.
Ein kleines Computer-Lexikon, das die Schüler im Verlauf der Arbeit mit eigenen Definitionen zu den wichtigsten Begriffen füllen können, soll zusätzlich das erfolgreiche Bestehen der Prüfung ermöglichen. Auf den Seiten 75 und 76 ist die Vorlage dafür zu finden. (Bastelanleitung: Blätter doppelseitig kopieren, an der geschlossenen Linie durchschneiden, Blätter in der Mitte falten, in der Reihenfolge der Nummern zum Heft zusammenlegen und das Heft klammern.)

Die Softwareauswahl

Damit der Computer-Führerschein ohne große Einschränkungen verwendet werden kann, wurde größtenteils auf gängige Software geachtet.
Mit Windows XP wurde ein heute immer noch häufig genutztes Betriebssystem verwendet. Außer Microsoft Office 2007 sind alle weiteren im Computer-Führerschein verwendeten Programme im Lieferumfang von Windows XP enthalten.

Viel Erfolg und dass alle ihre Schüler die Prüfung bestehen

wünscht Ihnen

Lukas Jansen

Training 1

BRONZE

Einschalten des Computers

Wie ein Auto musst du auch den Computer starten, bevor du damit arbeiten kannst. Für den Computer brauchst du aber keinen Schlüssel, sondern du drückst einfach auf den Einschaltknopf. 

Mit dem Start des Computers schaltet sich der Bildschirm (= Monitor) meistens gleich mit ein. Manchmal musst du ihn aber auch zusätzlich einschalten.

Abbildung 1

Abbildung 2

Aufgabe

Schalte deinen Computer ein.
Ist auch der Bildschirm an? Wenn nein, schalte auch ihn ein.

Das kannst du noch tun

1. Gestalte ein Plakat: Wie schalte ich meinen Computer ein? Wie schalte ich auch den Bildschirm an?
2. Es gibt verschiedene Computer und Bildschirme. Vergleiche die verschiedenen Computer in der Klasse. Nenne die Gemeinsamkeiten und Unterschiede.

Training 2

B R O N Z E

Umgang mit der Maus

Mit der Maus kannst du deinem Computer Befehle geben.
Die Maus hat meistens zwei Tasten. Wenn du die Maus bewegst, bewegt sich der Mauszeiger (= Cursor) auf dem Bildschirm (= Desktop).

Aufgabe 1

Bewege den Mauszeiger auf den Start-Knopf (= Start-Button) links unten 

und drücke (= klicke) einmal auf die linke Taste. Was passiert?

Achtung! Immer, wenn ein Vorgang mit „klick“ beschrieben wird, ist ein einmaliger Linksklick gemeint.

Aufgabe 2

Bewege den Mauszeiger auf das Symbol *Arbeitsplatz* 

und klicke zweimal schnell hintereinander die linke Taste. Was passiert?

Aufgabe 3

Bewege den Mauszeiger auf das Symbol *Arbeitsplatz*. Drücke dann die linke Maustaste und halte sie gedrückt. Bewege nun mit der gedrückten linken Maustaste die Maus und lasse die Taste los. Was ist passiert?

Das kannst du noch tun

1. Ordne die Symbole auf dem Desktop nach dem Alphabet.
2. Ordne die Symbole auf dem Desktop nach deinen eigenen Wünschen.
3. a) Klicke irgendwo auf den Desktop, wo sich kein Symbol befindet und bewege den Mauszeiger mit gedrückter Maus über die Symbole. Lasse dann die Taste los. Was passiert?
   b) Klicke auf eines der Symbole, das sich bei Aufgabe 3a verfärbt hat, und halte die Taste gedrückt. Bewege nun mit gedrückter linker Taste die Maus nach ganz rechts und lasse sie los. Was passiert?

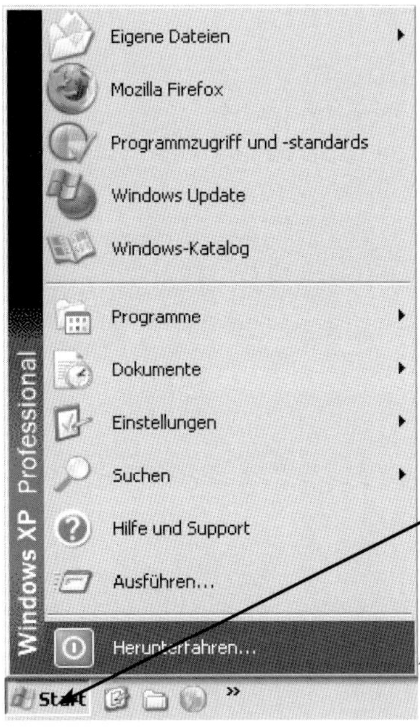

Ausschalten des Computers

Nachdem du am Computer gearbeitet hast, musst du ihn natürlich auch ausschalten. Das wird auch Herunterfahren genannt. **Achtung**! Schalte den Computer nie mit den Knöpfen am Computergehäuse aus.

Das Ausschalten des Computers geht so:

Klicke ganz links unten auf den Start-Button und dann auf *Herunterfahren* oder *Ausschalten*.

Nachdem du auf *Herunterfahren* oder *Ausschalten* geklickt hast, fragt dich der Computer, was du genau machen möchtest. Je nachdem wie dein Computer eingestellt wurde, sieht das sich neu öffnende Feld (= Fenster) entweder wie Abbildung 1 oder Abbildung 2 aus:

Abbildung 1
Hier musst du nur einmal auf *Ausschalten* klicken. Fertig!

Abbildung 2
Hier musst du zuerst schauen, ob *Herunterfahren* in der dunklen Zeile steht. Wenn ja: Klicke auf *OK*. Fertig! Wenn nein: Klicke auf das auf dem Kopf stehende Dreieck (= Pfeil). Klicke in der sich öffnenden Liste auf *Herunterfahren*. Klicke danach auf *OK*. Fertig!

Aufgabe

Fahre den Computer herunter.

Das kannst du noch tun

1. Klicke im Fenster auf *Neu starten*. Was passiert?
2. Für Experten: Du kannst auch nur mit der Tastatur den Computer herunterfahren. Drücke die Taste Alt (neben der langen Taste in der untersten Reihe) und die Taste F4 gleichzeitig. Hast du mehrere Fenster geöffnet, schließt du damit zuerst die einzelnen Fenster. Ist keins mehr geöffnet, erscheint Abbildung 1 oder Abbildung 2.

Programme starten und schließen

Auf deinem Computer sind meistens schon viele Programme draufgespielt (= installiert). Zum Beispiel: Rechner, Paint und Windows-Explorer. Um den Rechner zu öffnen, musst du Folgendes machen:

1. Klicke auf *Start.*
2. Bewege den Mauszeiger nun auf *Programme* und klicke darauf.
3. Im Ordner *Programme* findest du den Unterpunkt *Zubehör.* Klicke ihn an.
4. Nun musst du nur noch auf *Rechner* klicken.

So sehen die Schritte eins bis drei auf dem Bildschirm aus:

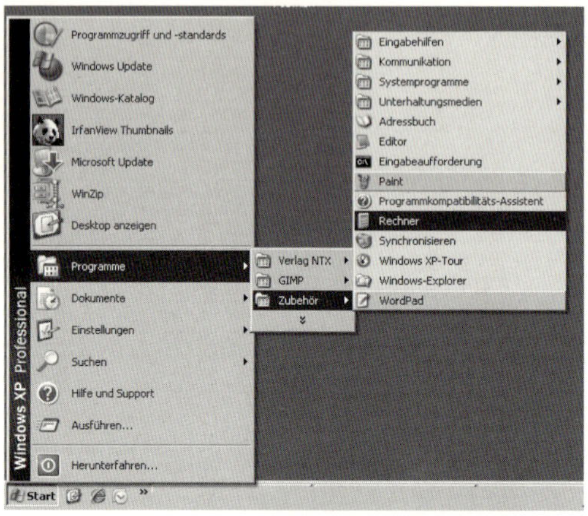

Aufgabe 1

Rechne die folgende Aufgabe. Du musst dafür die Zahlen und Rechenzeichen einzeln nacheinander anklicken.

857 – 699 + 428 = ____________________

Programme lassen sich auf unterschiedliche Weise starten: Zum einen öffnet man sie über das Startmenü, wie du es eben mit dem Rechner gemacht hast. Zum anderen öffnest du Programme, indem du ein Programmsymbol auf dem Desktop doppelt anklickst. Das funktioniert aber nur, wenn jemand vorher das Programmsymbol dort gespeichert hat.

Aufgabe 2

Schließe den Rechner. Klicke dafür auf den × -Button oben rechts.

Aufgabe 3

Wie viele Programme sind unter *Unterhaltungsmedien* aufgelistet?
(Du findest sie im Ordner *Zubehör*) ________

Schreibe ihre Namen auf.

____

____

BRONZE

Ein Bild malen mit Paint

Mit deinem Computer kannst du, genau wie mit Buntstiften, Bilder malen und gestalten. Dafür gibt es auf deinem Computer ein spezielles Programm, das Paint heißt.

Aufgabe 1

Was heißt „Paint" auf Deutsch?

Paint = ______________________

Aufgabe 2

Starte Paint. Du findest das Programm unter *Zubehör*.

Wenn du auf das Symbol von Paint geklickt hast, erscheint auf dem Bildschirm folgendes Fenster:

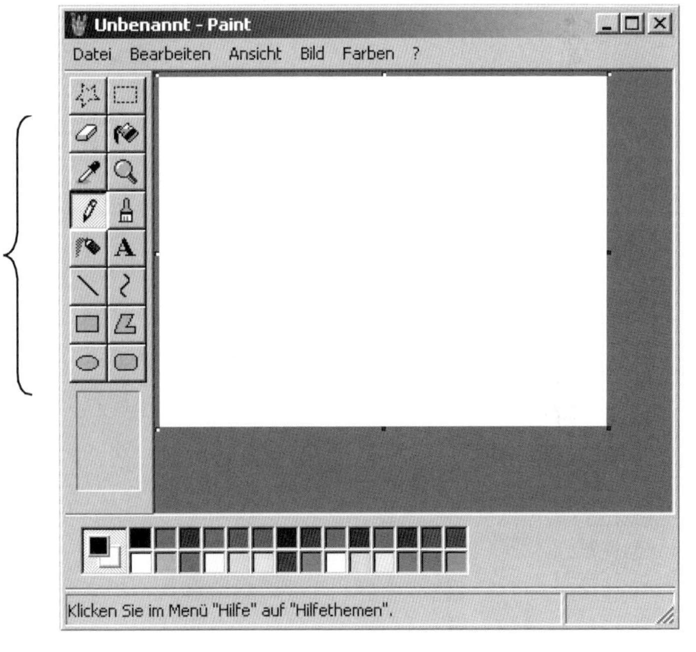

Links siehst du verschiedene Symbole.
Probiere aus, indem du draufklickst.
Male das „Blatt" an.

Aufgabe 3

Zeichne einen Smiley. Er soll einen gelben Hintergrund haben.

Einführung Tastatur

Mit der Tastatur kannst du auf dem Computer schreiben oder deinem Computer Befehle geben (wie mit der Maus).

Aufgabe 1

Starte das Programm Paint.
Auf der linken Seite findest du einen Button (Symbol) auf dem nur ein „A" zu sehen ist.
Klicke das „A" an.

Was passiert? ______________________________

Aufgabe 2

Schreibe folgenden Satz ab:

`in paint male ich lieber. zum schreiben nehme ich ein anderes programm.`

Auf der Tastatur findest du neben den Buchstaben des Alphabets noch viele weitere Tasten.

Aufgabe 3

Welche Tasten kannst du noch auf der Tastatur entdecken?

____

____

____

Wichtige Tasten sind:

 Wenn du die Space-Taste drückst, erscheint im Textfeld ein Leerzeichen.

 Die Return-Taste hat mehrere Funktionen. Wenn du im Textfeld *Return* drückst, kannst du in einer neuen Zeile weiterschreiben. Die Return-Taste kann aber auch Eingaben abschließen oder Befehle ausführen. Wenn du beispielsweise im Rechner eine Aufgabe rechnen willst (3 + 3), kannst du nach Eingabe der letzten Zahl die Return-Taste drücken und das Ergebnis erscheint.
Rechts über der Space-Taste findest du die Satzzeichen , . ; :

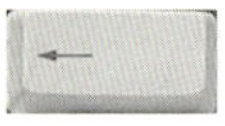 Mit der Backspace-Taste kannst du einzelne Buchstaben löschen, wenn du etwas falsch geschrieben hast. Es wird immer der zuletzt geschriebene Buchstabe gelöscht.

Training 7

BRONZE

Speichern von Dateien

Wenn du ein Bild mit Paint gemalt hast, musst du es abspeichern, damit nichts verloren geht. Mit diesem Vorgang erstellst du eine Datei, die du später wieder öffnen kannst und an der du dann weiterarbeiten kannst.

Du bewegst den Mauszeiger auf die Menüleiste und klickst auf *Datei*. Es öffnet sich ein Fenster mit zwei verschiedenen Möglichkeiten zum Speichern.

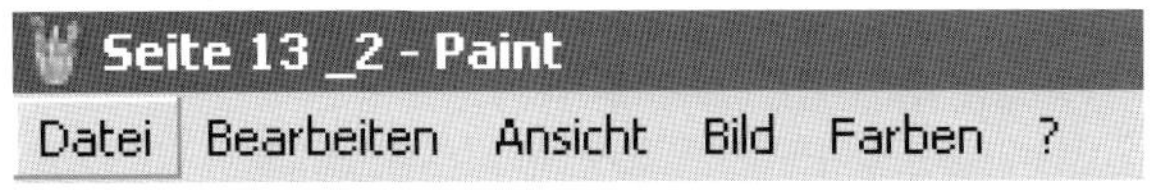

1. *Speichern unter*: Hier kannst du den Ort und den Namen wählen, wo dein Dokument abgespeichert wird.

2. *Speichern* ist nur möglich, wenn das Dokument schon einmal gespeichert war. Hier wird dein Dokument am alten Ort mit altem Namen abgespeichert.

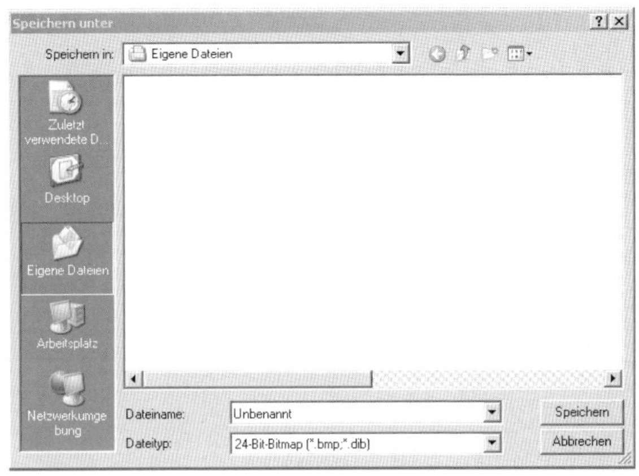

Aufgabe

Es gibt noch die Möglichkeit, dein Dokument mit der Tastatur zu speichern, ohne dass du die Maus benutzt. Drücke gleichzeitig die Tasten Strg + S. Was passiert?

____

____

Training 8

BRONZE

Beenden von Programmen und Öffnen einer Datei

Beenden von Programmen

Um Programme wie zum Beispiel Paint zu beenden, gibt es mehrere Möglichkeiten. Du kannst z. B. oben links in der Menüleiste auf *Datei* klicken und dann *Beenden* wählen.

Aufgabe 1

Erstelle ein neues Bild und speichere es nicht ab. Klicke nun auf *Datei* und dann auf *Beenden.* Was passiert?

____

____

Aufgabe 2

Erstelle ein neues Bild. Was passiert, wenn du die Taste Alt (neben der langen Taste in der untersten Reihe) und die Taste F4 gleichzeitig drückst?

____

____

Eine abgespeicherte Datei öffnen

Du hast in der letzten Schulstunde an einem Bild gearbeitet, es gespeichert und möchtest es nun weiterbearbeiten?
Dann klicke in der Menüleiste auf *Datei.* Ganz unten in dem sich öffnenden Menü über dem Button *Beenden* sind die zuletzt bearbeiteten Dateien aufgelistet. Klicke nun auf den Dateinamen und die alte Datei öffnet sich.

Aufgabe 3

Wie viele Dateien werden unten aufgelistet, wenn du auf *Datei* klickst? __________

Wie heißen die Dateien?

____

____

____

Training 9

Fenster auf dem Desktop

1. Öffne eine gespeicherte Datei.
   Wo findest du diese Zeichen?

    ______________________________

2. Was passiert, wenn du auf dieses Zeichen  klickst? Kreuze an.
   ◯ Das Fenster wird vergrößert.
   ◯ Das Fenster ist weg.

3. Wo findest du deine Datei wieder? Probiere aus und kreuze an.
   ◯ Wenn du in der Taskleiste (am unteren Bildschirmrand) auf den Dateinamen klickst.
   ◯ Indem du auf *Start* klickst.

4. Klicke auf dieses Zeichen: 

   Was passiert? ______________________________

5. Was passiert, wenn du auf dieses Zeichen  klickst? Probiere aus und kreuze an.
   ◯ Das Fenster wird vergrößert.
   ◯ Das Fenster wird verkleinert.

6. Klicke auf dieses Zeichen: 

   Was passiert? ______________________________

Das kannst du noch tun

1. Probiere, ob du auch andere Programme genauso schließen kannst.
2. Verkleinere ein Fenster. Klicke auf die obere Leiste und halte dabei die Maustaste gedrückt. 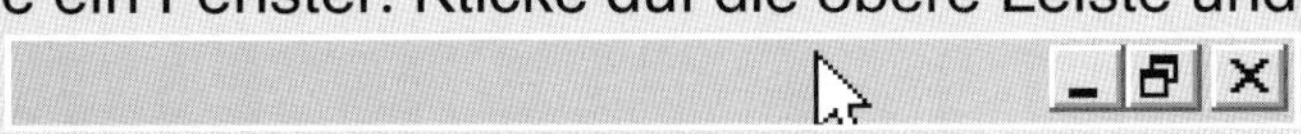
   Bewege die Maus mit gedrückter Maustaste.

   Was passiert? ______________________________

Die Ordnung auf der Festplatte

Eines der wichtigsten Teile im Computer ist die Festplatte (= Laufwerk), das Langzeitgedächtnis des Computers.

Auf der Festplatte werden alle deine Daten gespeichert. Sie hat meistens den Namen „C:“. Auch die Programme, die du bisher geöffnet hast, sind auf der Festplatte. Du kannst dir die Festplatte wie ein großes Regal vorstellen. Zur besseren Ordnung sind in dem Regal Aktenordner. In den Aktenordnern befinden sich Mappen. In den Mappen sind Zettel. So geht nie ein Zettel verloren, wenn du ihn richtig abgeheftet hast.

Bei der Festplatte ist es ähnlich. Du kannst sie in verschiedene Bereiche unterteilen und sogenannte Ordner anlegen. In die Ordner kommen Unterordner. In den Unterordnern werden Dokumente als Datei gespeichert, zum Beispiel ein Brief, eine Musikdatei oder ein Bild.

Aufgabe

Beschrifte das Bild mit diesen Begriffen:
Festplatte, Ordner, Unterordner, Datei

Windows-Explorer

Damit du sehen kannst, welche Programme und Dateien auf den Laufwerken sind, gibt es das Programm Windows-Explorer. Um den Explorer zu öffnen, gibt es folgenden Weg:

Klicke auf Start, klicke danach auf *Programme*, dann auf *Zubehör* und nun auf *Windows-Explorer*.

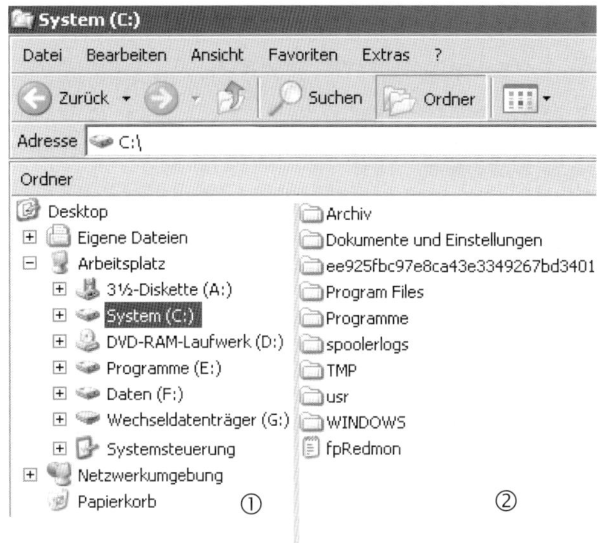

Das sich öffnende Fenster sieht ungefähr so aus: Links ① listet der Explorer alle Laufwerke auf, die an den PC angeschlossen sind. Das können sein: Festplatte(n) und auch das CD-ROM-Laufwerk. Der Computer ordnet jedem Laufwerk einen Buchstaben zu (zum Beispiel C:) und sortiert diese alphabetisch.

Aufgabe 1

Klicke auf *Arbeitsplatz* und dann auf das Laufwerk C:. Was passiert auf der linken Seite ①?

____

____

Aufgabe 2

Was passiert auf der rechten Seite ②, nachdem du links etwas angeklickt hast?

____

____

Aufgabe 3

Klicke auf der linken Seite auf *Eigene Dateien*. Wie viele Dateien befinden sich in dem Unterordner *Eigene Bilder*? __________

Aufgabe 4

Wie oft muss man klicken, bis sich auf der linken Seite ein Ordner öffnet? __________
Wie oft muss man klicken, bis sich auf der rechten Seite ein Ordner oder eine Datei öffnet? Probiere aus und schreibe auf. ______________________________

Das Suchen einer Datei

Du findest eine Datei nicht wieder? Wenn sie nicht gelöscht ist, hilft dir der Computer.

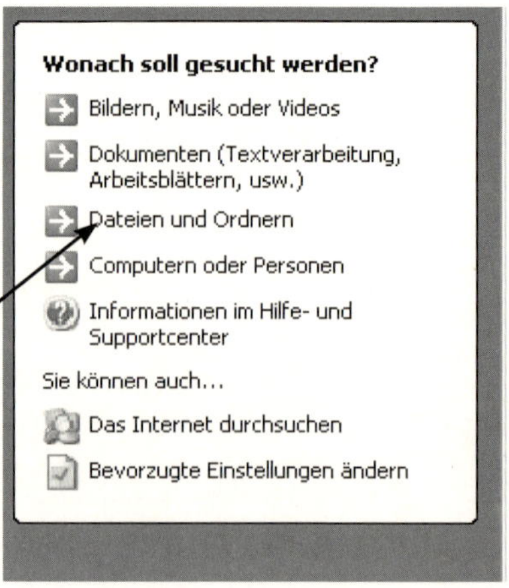

Die Suche öffnest du, indem du auf *Start* und dann auf 

klickst.

Auf der linken Seite erscheint dann dieses Menü:

Hier hast du verschiedene Auswahlmöglichkeiten. Die meisten Suchergebnisse findest du, wenn du einmal auf *Dateien und Ordnern* klickst.

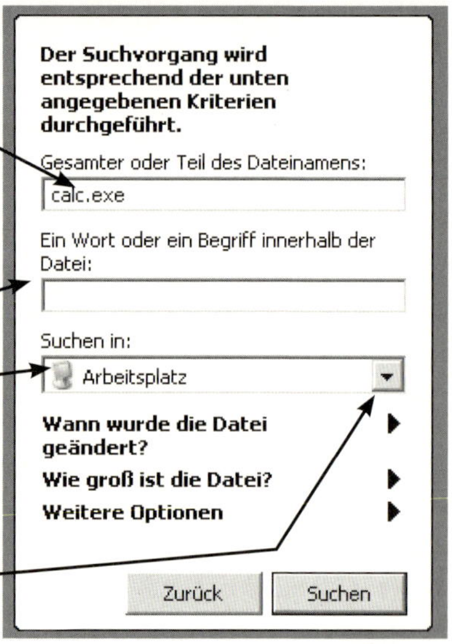

Die Suchmaske, die sich dann öffnet, sieht so aus:

Hier musst du den Namen der Datei oder des Ordners eintragen.

Du hast den Namen einer Datei vergessen, aber weißt, welches Wort dort drin stand? Dann musst du das obere Feld frei lassen und nur dann trägst du nur hier das Wort ein. **Achtung**, diese Suche dauert lange!

Ganz wichtig ist dieses Feld.
Hier solltest du immer *Arbeitsplatz* auswählen. Steht nicht *Arbeitsplatz* in diesem Feld, musst du auf den Pfeil klicken. Danach öffnet sich ein Menü, in dem du *Arbeitsplatz* auswählen musst.
Jetzt musst du nur noch auf *Suchen* klicken.

Wenn dieser Streifen  verschwindet, ist die Suche beendet.

Aufgabe

Probiere die Suche einmal aus. Finde folgende Dateien. Schreibe die Ordner auf, in denen sie gespeichert sind:

Notepad.exe ______________________

Calc.exe ______________________

Wmplayer.exe ______________________

Training 13

BRONZE

Die Bedienung des Computers mit der Tastatur

Der Computer lässt sich nicht nur mit der Maus bedienen. Auch mit der Tastatur kannst du dem Computer Befehle erteilen.

Dateien speichern

Es gibt noch die Möglichkeit, ein Dokument mit der Tastatur zu speichern, ohne dass du die Maus brauchst. Öffne dazu vorher das Malprogramm Paint:

Drücke [Strg] + [S] gleichzeitig. Was passiert?

____

____

____

Den Windows-Explorer öffnen

Drücke [Windows-Taste] und die Taste [E] gleichzeitig.
Die Windows-Taste ist in der untersten Reihe auf deiner Tastatur die zweite Taste von links. Wenn Du beide Tasten gleichzeitig drückst, öffnet sich der Explorer.

Computer herunterfahren

Du kannst auch nur mit der Tastatur den Computer herunterfahren. Drücke die Taste [Alt] (neben der langen Taste in der untersten Reihe) und die Taste [F4] gleichzeitig . Hast du mehrere Fenster geöffnet, schließt du damit zuerst die einzelnen Fenster. Ist keins mehr geöffnet erscheint Abbildung 1 oder Abbildung 2. Nun kannst du wieder die Maus benutzen. Weißt du noch, was du jetzt machen musst? Schreibe es unter die Bilder.

Abbildung 1

____

____

____

Abbildung 2

____

____

____

Die Bronze-Prüfung

1. Starte den Computer.
2. Öffne das Programm Paint.
3. Zeichne einen Computer mit den Geräten, die an ihn angeschlossen sind.

4 Wie heißen die verschiedenen Geräte? Schreibe die Namen mit der Schreibfunktion von Paint neben die gezeichneten Geräte.

5. Speichere die Datei mit folgender Bezeichnung ab: „**DEIN NAME bronze-prüfung**“. Dort wo „DEIN NAME“ steht setzt du deinen Namen ein.
6. Du willst deinem Lehrer oder deiner Lehrerin den genauen Speicherort deiner Datei zur Bronze-Prüfung nennen. Benutze die Suchfunktion von Windows, um den Ort herauszufinden.

   Schreibe den Speicherort auf:

   ____

Vom Erstellen und Benennen von Ordnern

Ordnung auf dem PC zu halten ist wichtig. Es ist ähnlich wie in deinem Zimmer: Räumst du nicht auf, findest du bald nichts mehr wieder.

Um nun auf dem Computer nicht alle deine Dateien direkt auf dem Desktop abzuspeichern, kannst du Ordner erstellen. Ordner sind wie Schubladen. Du kannst viele Dinge (= Dateien) in sie hineinpacken und schon stören sie dich nicht mehr. Du kannst die Dateien natürlich jederzeit im Ordner wiederfinden, sie öffnen und mit ihnen arbeiten.

Ordner erstellen

Aufgabe 1

Erstelle deinen eigenen Ordner. Klicke dazu mit der rechten Maustaste auf den Desktop. Es erscheint folgendes Menü:

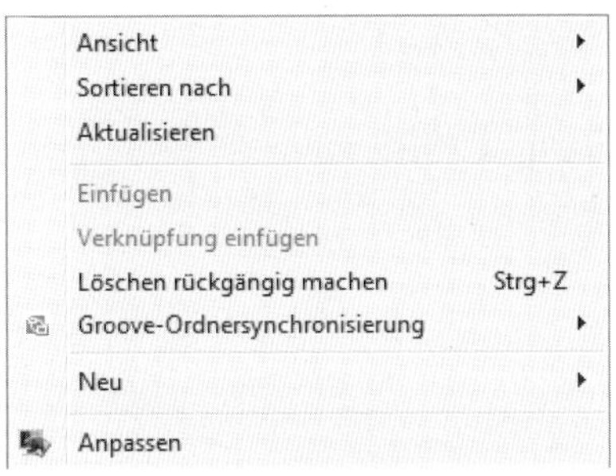

Klicke auf *Neu* und dann im Untermenü auf *Ordner*.

Auf deinem Desktop erscheint nun ein neuer Ordner.

Ordner benennen

Der Text „Neuer Ordner" ist in blauer Farbe hinterlegt. Du kannst ihm einen Namen geben (zum Beispiel deinen eigenen Namen). Schreibe dazu einfach den gewünschten Namen und drücke die Enter-Taste .

Möchtest du erst später den Ordner umbenennen – kein Problem. Drücke die Enter-Taste und der neue Ordner behält vorerst seinen Namen „Neuer Ordner".

Aufgabe 2

1. Erstelle einen neuen Ordner und benenne ihn mit deinem Namen.
2. Benenne den Ordner um. Dafür klickst du mit der rechten Maustaste auf den Ordner. Im nun erschienenen Menü klickst du auf *Umbenennen*. Gib einen neuen Namen deiner Wahl ein.

TIPP!

Natürlich kannst du auch in einem Ordner einen neuen Ordner erstellen. Versuche es.

Vom Verschieben von Ordnern

Um auf deinem PC Ordnung zu halten, ist es manchmal notwendig aufzuräumen.
Das heißt: Du musst deine Ordner verschieben.

Aufgabe 1

Zeichne Pfeile ein, wohin du die jeweiligen Ordner auf dem Desktop verschieben möchtest. Versuche, die Ordner so zu verschieben, dass die Mitte des Desktops frei wird und du die Ordner nach Themen sortierst.

Um auf dem Desktop Ordner zu verschieben, klickst du den entsprechenden Ordner mit der linken Maustaste an, hältst diese gedrückt und ziehst den Ordner an die gewünschte Stelle. Hier lässt du dann die Maustaste los.

Aufgabe 2

Du kannst auch Ordner in andere Ordner verschieben. Probiere es aus.

Training 3

Das Benennen und Umbenennen von Dateien

Dateien benennen

Wenn du dich in einer Buchhandlung umschaust, siehst du viele mit Büchern gefüllte Regale. Wenn du nun ein bestimmtes Buch suchst, schaust du dir die Buchrücken an und kannst daran erkennen, welcher Autor das Buch geschrieben hat und wie der Buchtitel lautet. So kannst du schnell und einfach das Buch finden, das du suchst.

Ähnlich ist es auch bei Dateien: Damit du sie später auseinanderhalten und auch wiederfinden kannst, musst du ihnen sinnvolle (!) Namen geben.

Der Name sollte sich nach dem Inhalt der Datei richten: Wenn du beispielsweise ein Referat über die Giraffe halten sollst und dafür ein Textdokument erstellt hast, kannst du die Datei einfach „Referat Giraffe.docx“ nennen.

So weißt du später sofort, was sich in diesem Dokument befindet.

Aufgabe

Erstelle ein neues Paint-Dokument und speichere es unter einem von dir selbst gewählten Namen ab.

Dateien umbenennen

Wenn du nun zu einem Thema mehrere Dateien abspeichern möchtest, ist es von Vorteil, diese zu nummerieren. Da du dein Worddokument aber schon unter einem bestimmten Namen abgespeichert hast, musst du diesen Namen nun ändern. Dazu klickst du die entsprechende Datei mit der rechten Maustaste an. Es öffnet sich das sogenannte Kontextmenü. Wähle dort *Umbenennen* aus. Gib jetzt einfach den neuen Namen ein (zum Beispiel „Referat Giraffe 1. docx“).

So kannst du auch Dateien umbenennen:

❶ Klicke mit der linken Maustaste auf eine Datei. Drücke dann die Taste 

.
Was passiert? ____________________

❷ Klicke mit der linken Maustaste auf eine Datei. Warte kurz ab und klicke dann auf die Schrift. Was passiert? ____________________

❸ Klicke mit der linken Maustaste zweimal schnell hintereinander auf eine Datei.
Was passiert? ____________________

Das Verschieben und Löschen von Dateien

Dateien verschieben

Manchmal hilft es, Dateien auf dem Bildschirm oder in Ordner zu verschieben. So bekommst du einen aufgeräumten Desktop. Dateien lassen sich ganz einfach verschieben: Du klickst auf die Datei, die du verschieben möchtest, und hältst die Taste gedrückt. Dann schiebst du die Datei auf dem Bildschirm dahin, wo es dir gefällt, und lässt dann die Taste los.

Aufgabe

Du kannst Dateien auch in Ordner verschieben. Beschreibe, wie du eine Datei in einen Ordner verschiebst: ______________________________

____

Dateien löschen (1)

Dein Desktop ist mittlerweile überfüllt von verschiedenen Dateien. Du musst aufräumen! Dateien, die du nicht mehr brauchst, kannst du löschen. Aber Vorsicht: Überlege vorher, welche Datei du löschst.

1. Dateien kannst du löschen, indem du die entsprechende Datei anklickst und anschließend Entf drückst. Es erscheint folgendes Fenster:

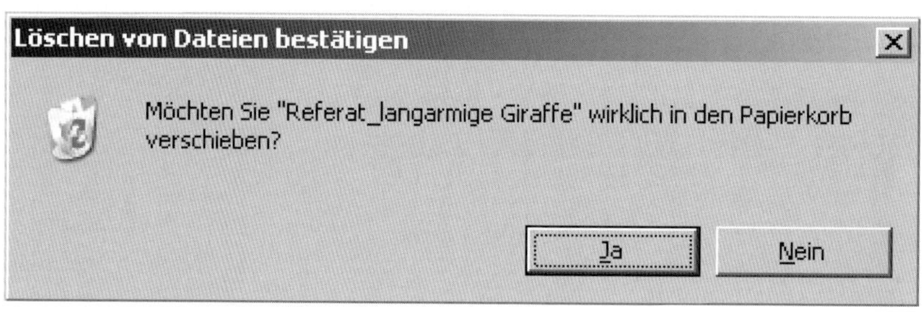

2. Nun musst du mit *Ja* bestätigen, dass du die Datei tatsächlich löschen möchtest.

Vom Löschen und Wiederherstellen von Dateien

Dateien löschen (2)

Um Dateien zu löschen, kannst du diese auch anklicken, die Taste gedrückt halten und dann auf den „Papierkorb“ ziehen. Lass dann die Maustaste los und die Datei verschwindet vom Bildschirm.
Dateien können überall gelöscht werden: auf dem Desktop, in einem Ordner oder einem Unterordner.

Es gibt eine zweite Möglichkeit, Dateien in den Papierkorb zu „werfen“: Du musst die ausgewählte Datei mit der rechten Maustaste anklicken, sodass das Kontextmenü erscheint:

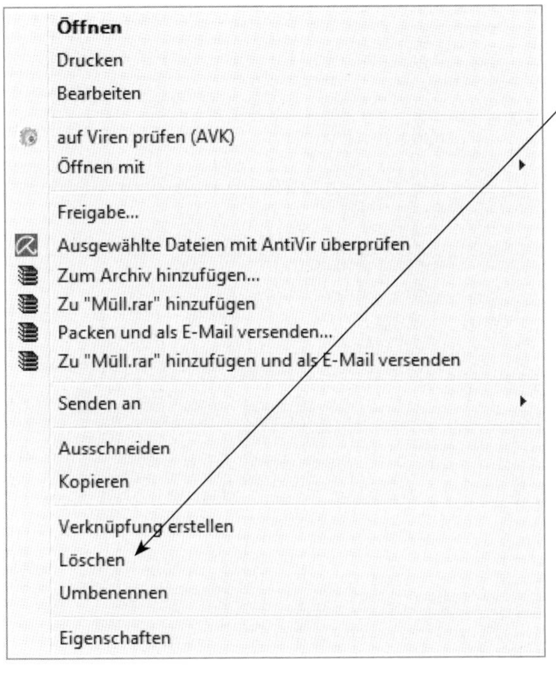

Hier klickst du dann einfach auf *Löschen*.

Nun sind die Dateien im Papierkorb. Allerdings ist es wiederum wie bei dir zuhause: Der Müll ist zwar im Papierkorb – aber immer noch in deinem Zimmer (bzw. auf deinem Computer).

Um die Dateien endgültig zu löschen, musst du den Papierkorb noch leeren. Dazu klickst du das Symbol des Papierkorbs auf deinem Desktop mit der rechten Maustaste an und im Kontextmenü auf *Papierkorb leeren*. Bestätige dann mit *Ja*.

Klicke nun zweimal mit der linken Maustaste auf den Papierkorb. Was stellst du fest?

Datei wiederherstellen

Du hast eine Datei gelöscht – benötigst sie aber noch?

Öffne mit einem Doppelklick den Papierkorb. Hier findest du alle Dateien, die nicht aus dem Papierkorb geleert wurden. Indem du mit der rechten Maustaste auf die Datei klickst, die du aus Versehen in den Papierkorb getan hast, erscheint ein Menü. Du klickst nun auf *Wiederherstellen*. Die Datei taucht dann genau dort wieder auf, wo du sie gelöscht hast.

Aufgaben

1. Erstelle eine neue Datei (zum Beispiel ein Paint-Dokument).
2. Packe die Datei in den Papierkorb.
3. Stelle sie wieder her.
4. Lösche sie nun endgültig.

Word – Oberfläche

Du hast auf deinem Computer das Schreibprogramm Word. Hiermit kannst du Texte schreiben. Word startest du, indem du auf *Start* klickst, dann auf *Programme,* dann auf *Microsoft Office* und schließlich auf *Word.*
Das Schreibprogramm Word startet und dein Bildschirm sieht jetzt so aus:

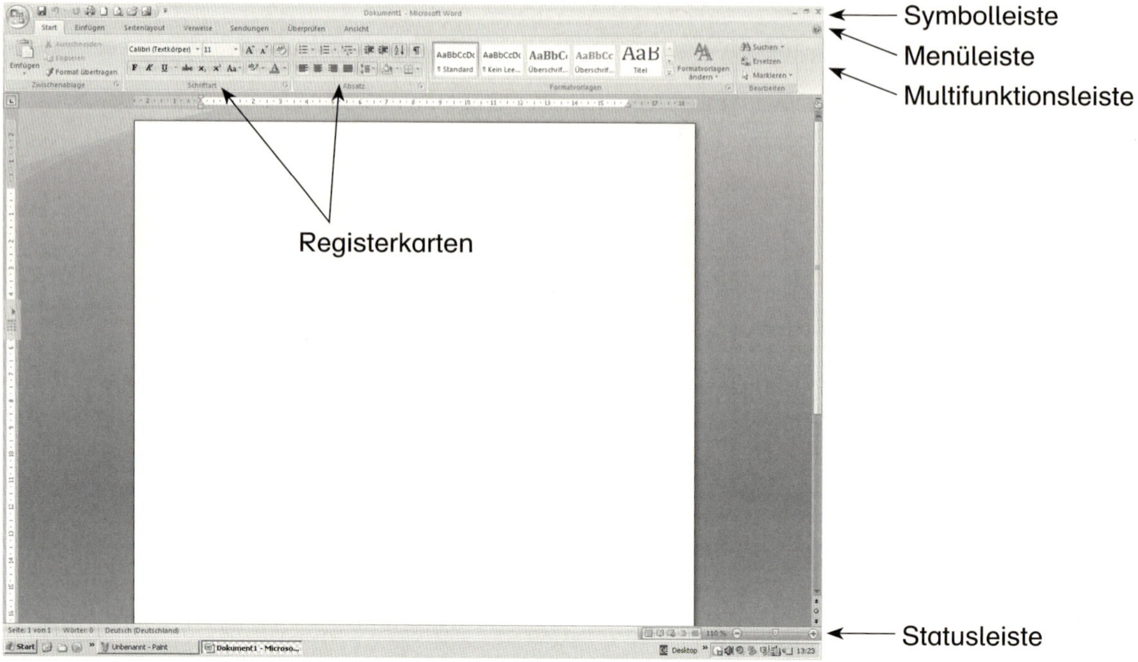

Aufgabe 1

Schreibe den Satz:

`ich möchte den computer-führerschein machen.`

Aufgabe 2

Es gibt in Word viele Möglichkeiten, deinen Text zu verändern, Überschriften schön zu gestalten oder auch Grafiken einzufügen. Dazu gibt es in Word verschiedene „Leisten“ und „Menüpunkte“, wo du die dazu passenden Befehle findest.
Trage die fehlenden Begriffe aus der Menüleiste und die Bezeichnungen der Registerkarten ein.

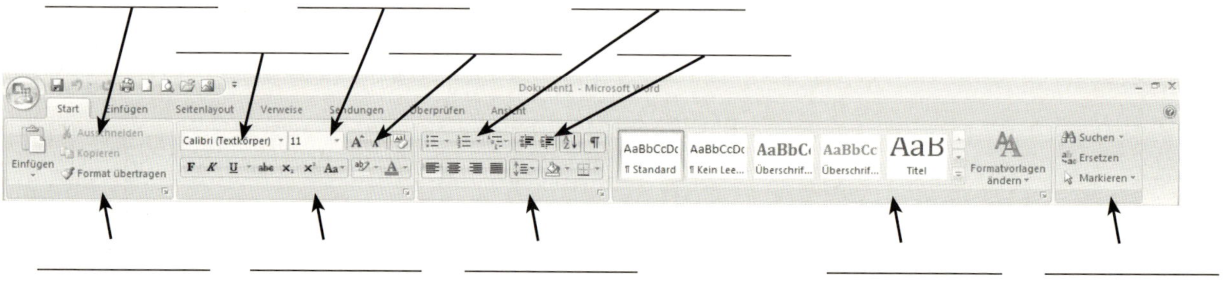

Wichtige Tasten (1)

Hochstelltaste: Mit ihr wird die Shift-Taste festgestellt.

Escape: Mit dieser Taste bricht man Vorgänge ab.

Tabulator: Du springst zum nächsten Tabstopp.

Backspace: Sie löscht das Zeichen vor dem Cursor.

Entf: Mit ihr wird das Zeichen gelöscht, das dem Cursor folgt.

Pfeiltasten: Mit ihnen bewegt man den Cursor auf dem Bildschirm.

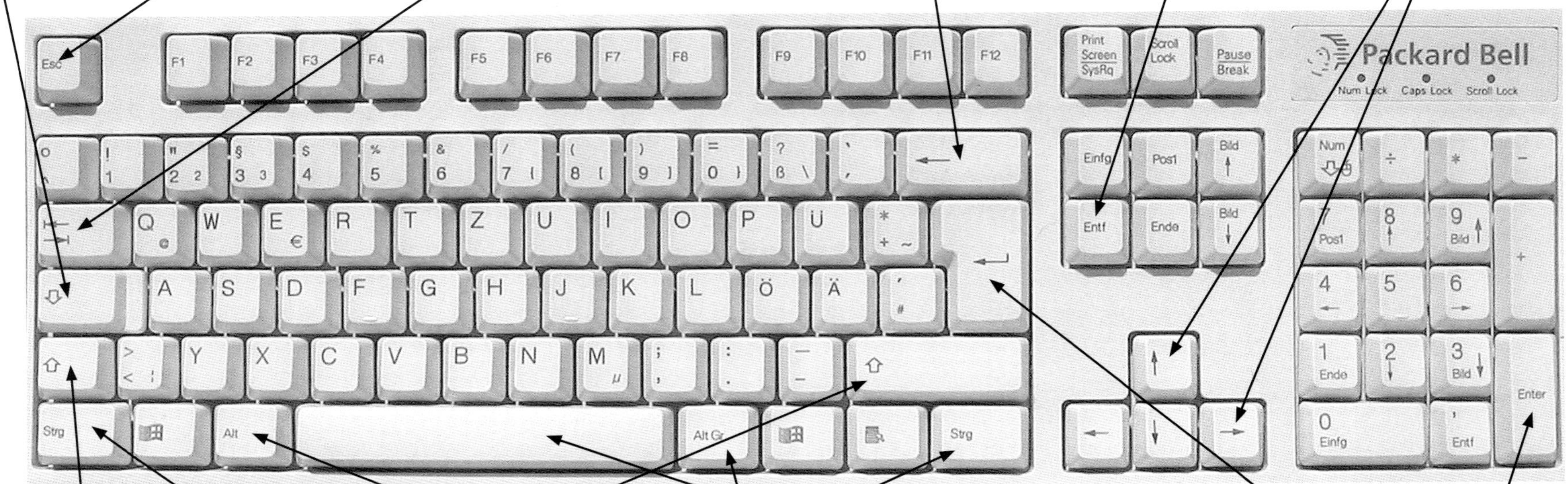

Umschalt/Shift-Taste: Mit ihr wird auf Großschreibung umgestellt.

Steuerung (Strg): In Verbindung mit anderen Tasten werden Befehle ausgeführt.

ALT und ALT Gr: Mit ihnen werden bestimmte Befehle aufgerufen (z. B. ALT + Gr + E ergibt das Eurozeichen).

Leertaste/Space: Mit ihr entsteht ein Zwischenraum (z. B. zwischen zwei Wörtern).

Return/Enter: Mit ihr wird die Eingabe bestätigt.

Training 7/2

SILBER

Wichtige Tasten (2)

Aufgabe

Schreibe die Funktionen der wichtigsten Tasten auf.

Taste		**Funktion**
Escape		
Tabulator (oder Tab)	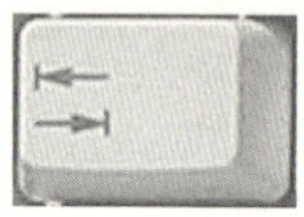	
Hochstelltaste		
Shift oder Groβschreibung (2 Tasten)		
Backspace	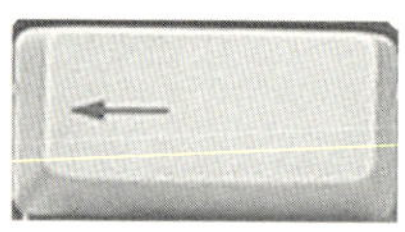	
Return/Enter (2 Tasten)	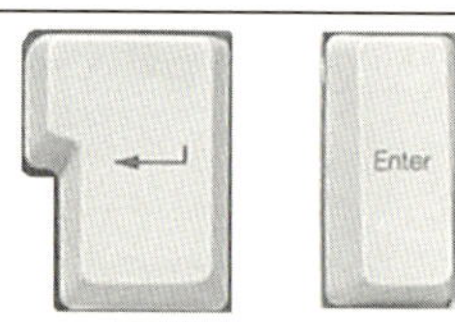	
Entfernen		
Steuerung (2 Tasten)		
Alt und **Alt Gr** (2 Tasten)		
Pfeiltasten		

Word – Speichern

Wenn du eine Datei in Word abspeichern möchtest, kannst du ähnlich wie bei Paint die Tastenkombination „Strg“ und „S“ drücken. Word fragt dich dann beim ersten Mal, wie du die Datei nennen möchtest und wo sie abgespeichert werden soll. Nun musst du den Namen eingeben und dann auf Speichern drücken.

Vielleicht möchtest du die Datei aber nach der nächsten Überarbeitung unter einem anderen Namen oder an einem anderen Ort abspeichern. Dann musst du:

1. auf die Schaltfläche Office  oben links auf dem Bildschirm klicken. Es öffnet sich ein Fenster:

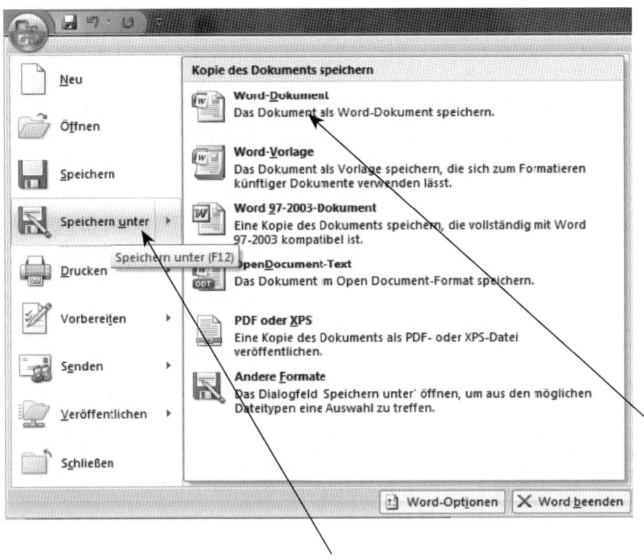

2. Klicke nun auf *Speichern unter* und dann auf *Word-Dokument*. Jetzt wirst du wieder gefragt, wie du die Datei nennen möchtest und wo sie abgespeichert werden soll.

Aufgabe 1

Tippe folgenden Satz ab: `ich kann jetzt in word dateien speichern.` Speichere die Datei jeweils einmal mit dem Namen „speichern1“, „speichern2“ und „speichern3“ in deinem Ordner ab.

Aufgabe 2

Was passiert wenn du in Word die Taste F12 drückst? Schreibe auf:

____

____

Word – Klein- und Großschreibung

Wenn du mit dem Füller auf Papier schreibst, musst du Nomen und Satzanfänge großschreiben. Natürlich musst du auch bei der Arbeit mit dem Computer diese Wörter großschreiben. Drückst du auf die Buchstabentasten auf der Tastatur, erscheinen aber nur kleine Buchstaben. Große Buchstaben schreibst du, wenn du auf die sogenannte Umschalttaste ⇧ drückst, diese Taste gedrückt hältst und dann den Buchstaben, der groß werden soll, drückst. Die Umschalttaste findest du auf der Tastatur ganz links in der zweiten Reihe von unten. Auf einigen Tastaturen steht neben dem Pfeil auch noch das englische Wort „Shift“, man nennt sie also auch Shift-Taste.
Lässt du die Umschalttaste wieder los, dann wird der nächste Buchstabe kleingeschrieben.

Aufgabe 1

Beim folgenden Text wurde leider die Großschreibung vergessen. Tippe den Text ab und beachte die Großschreibung.

```
ich schreibe gern mit dem computer. wenn ich fehler mache, kann
ich die fehler nachträglich verbessern. dafür brauche ich keinen
tintenkiller und kein radiergummi. außerdem sieht man später nicht
die stellen, an denen ich fehler gemacht habe. im heft sehen die
verbesserten stellen nicht so schön aus.
```

Aufgabe 2

Speichere den Text unter dem Dateinamen „DEIN NAME Großschreibung.docx“ ab.

Die Taste ⇩

Achtung! Verwechsle nicht die Umschalttaste mit der Taste darüber. Diese Taste wird auch Hochstelltaste genannt. Drückst du sie nur ein einziges Mal und lässt sie wieder los, dann werden alle Buchstaben danach großgeschrieben. Dies kannst du wieder ausstellen, wenn du ein weiteres Mal die Taste ⇩ drückst.

Aufgabe 3

Schreibe den ersten Satz aus deinem Übungstext nur in Großbuchstaben.

Word – Kopieren, Ausschneiden und Einfügen

Wenn du einen Text schreibst, kannst du dir die Arbeit erleichtern: Du kannst Wörter oder Sätze kopieren, ausschneiden und wieder einfügen.

Aufgabe 1

Du sollst für den Klassenbriefkasten drei Wünsche aufschreiben.
Schreibe den ersten Wunsch auf:

`Ich wünsche mir, dass wir in der Pause Fußball spielen dürfen.`

Aufgabe 2

Für deinen zweiten Wunsch:

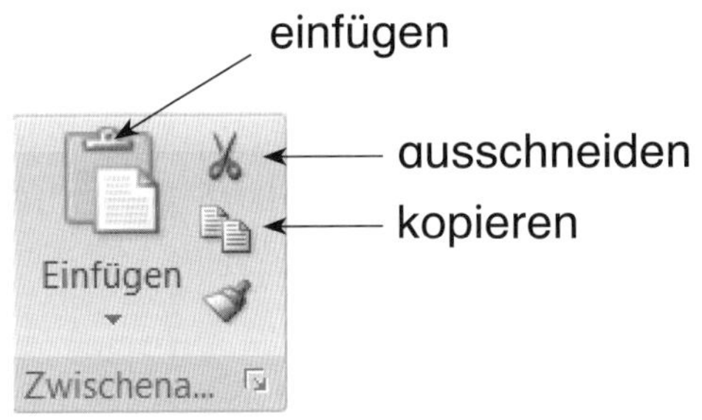

Markiere den Satz. Klicke dafür mit dem Mauszeiger vor das erste Wort des Satzes, halte die linke Maustaste gedrückt und bewege den Mauszeiger bis zum Punkt am Ende des Satzes.
Der Satz muss nun einen grauen Hintergrund haben.

Klicke auf das Symbol für Kopieren.

Mache einen Doppelklick in der nächsten Zeile.

Klicke auf das Symbol für Einfügen.

Schneide „Fußball“ (Wort markieren, auf das Symbol für Ausschneiden klicken) aus und schreibe ein anderes Wort dafür.

Aufgabe 3

Für deinen dritten Wunsch:

Kopiere „Ich wünsche mir“ und füge es in einer neuen Zeile wieder ein.

Ergänze den Wunsch und speichere die Datei unter dem Namen „DEIN NAME drei Wünsche.docx“ ab.

Training 11

SILBER

Word – Schriften (1)

Für besondere Dokumente, zum Beispiel eine Einladung oder eine Geburtstagskarte, hast du in Word die Möglichkeit, besonders schöne Schriften zu benutzen.

Die verschiedenen Schriftarten findest du, wenn du in der Menüleiste auf *Start* klickst, in der Registerkarte *Schriftart.*

Hier hast du verschiedene Möglichkeiten, deinen Text zu verändern und zu verschönern:

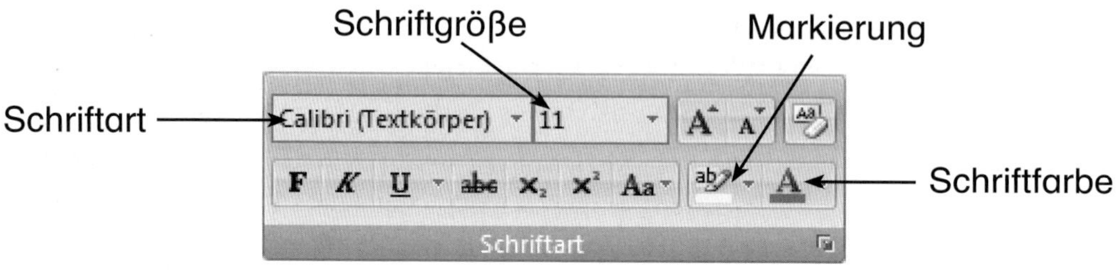

Deinen Text kannst du immer nur dann verändern, wenn du ihn auch vorher markiert hast.

Aufgabe 1

Öffne ein neues Dokument in Word. Schreibe den folgenden Satz und kopiere ihn dreimal:
„In Word habe ich die Möglichkeit, meinen Text farbig und in verschiedenen Schriftarten zu schreiben!"

Verändere nun
a) im ersten Satz die **Schriftfarbe**,
b) im zweiten Satz die **Schriftgröße** und
c) im dritten Satz die **Schriftart**.

Probiere auch die Markierung aus. Was passiert? ______________________________

____

Aufgabe 2

1. Schreibe eine Einladung zu deinem Geburtstag mit Überschrift, Anrede, Datum, Ort und Grußformel.
   Benutze verschiedene Schriftarten und -größen, wähle auch unterschiedliche Farben aus.

2. Speichere dann deinen Text unter „DEIN NAME Einladung.docx" ab.

Word – Schriften (2)

Du weißt, dass du Nomen und Satzanfänge großschreiben musst. Große Buchstaben schreibst du, wenn du die sogenannte Umschalttaste ⇧ drückst, diese Taste gedrückt hältst und dann den großzuschreibenden Buchstaben drückst.

Aufgabe 1

Schreibe deinen Vor- und Nachnamen.

Aufgabe 2

Schreibe deine Anschrift mit Telefonnummer darunter.

Aufgabe 3

Ändere …

deinen Vornamen in Schriftgröße 18 und fett,

deinen Nachnamen in Schriftgröße 18 und unterstrichen,

die Straße und Hausnummer in der Schriftart „Comic Sans“,

die Postleitzahl in Schriftgröße 9 und in der Schriftfarbe „lila“,

den Wohnort in kursiv und fett.

TIPP! *Vergiss nicht, vorher die Wörter zu markieren.*

Aufgabe 4

Wenn du dich einmal verschrieben hast, helfen dir diese beiden Tasten:

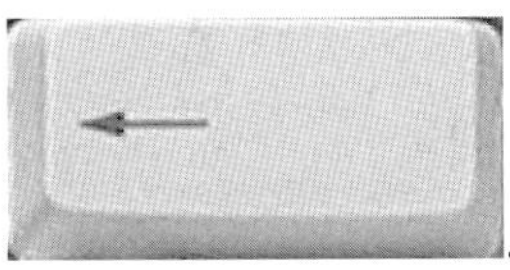.

Gehe auf deine Anschrift und probiere aus.

Word – Neues Dokument

Wenn du eine Hausaufgabe zu erledigen hast, fängst du in deinem Schulheft eine neue, leere Seite an. Genauso startest du auch in Word mit einer neuen Seite (= einem neuen Dokument) einen neuen Text.

Dazu musst du in Word ganz oben links auf den sogenannten „Office-Button“ klicken.

Dann öffnet sich dieses Fenster:

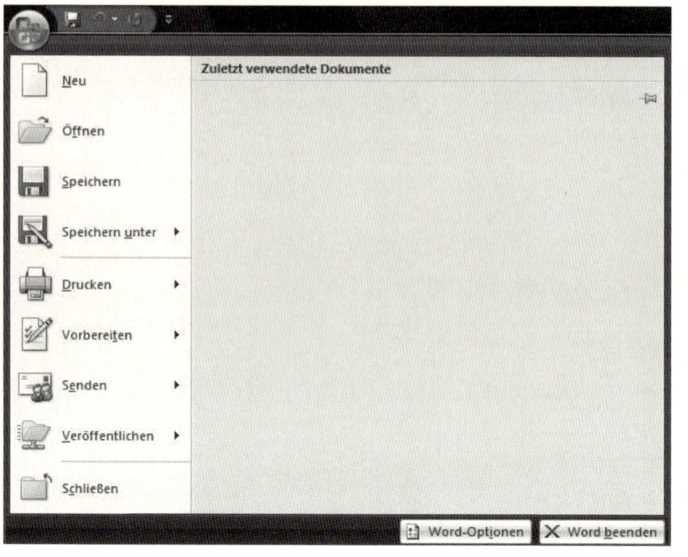

Du klickst auf Neu und es öffnet sich ein weiteres Fenster:

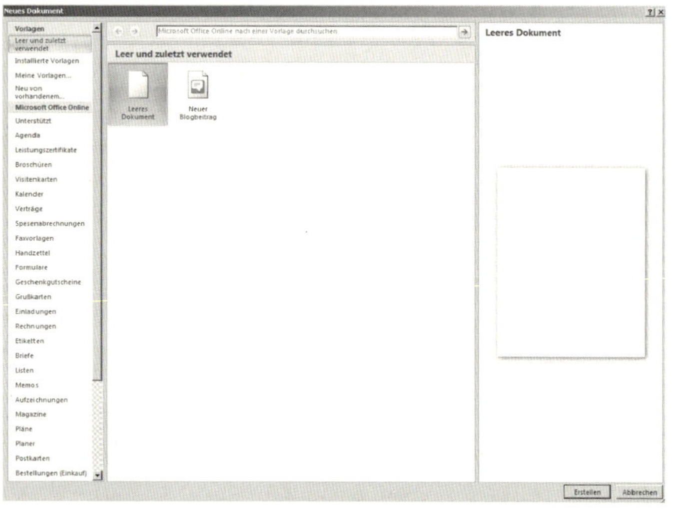

Hier hast du die Auswahl unter vielen verschiedenen Vorlagen, die Word schon vorab gestaltet hat.

Die Vorlagen sind in „Kategorien“ geordnet, diese findest du in der linken Spalte.

Aufgabe

Schreibe mindestens fünf mögliche Vorlagen auf:

____

____

____

____

____

Word – Drucken von Dateien (1)

Um ein bestimmtes Text-Dokument auszudrucken, klickst du auf die Schaltfläche Office oben links auf dem Bildschirm.

Es öffnet sich ein Fenster:

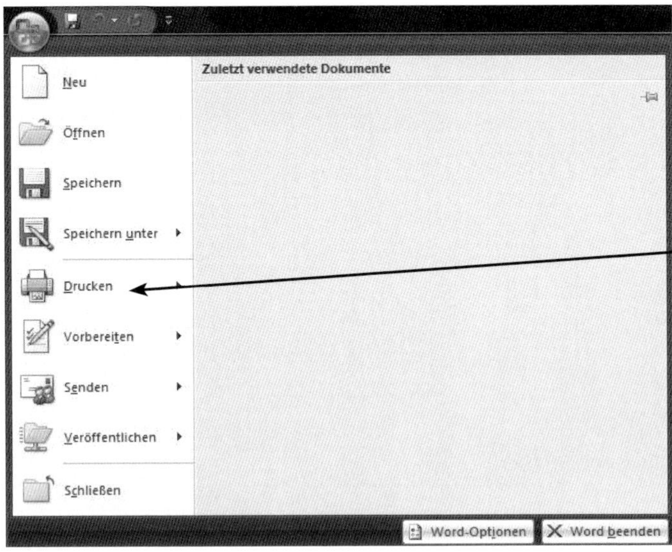

Bewege nun die Maus über das Symbol des Druckers und du hast drei Möglichkeiten, um dein Dokument auszudrucken:

Aufgabe

Was passiert nun, wenn du die verschiedenen Möglichkeiten zum Ausdrucken anklickst? Probiere und schreibe auf:

1. ______________________________

____

2. ______________________________

____

3. ______________________________

____

Normalerweise wählst du die erste Möglichkeit aus, denn hier hast du verschiedene Möglichkeiten, deinem Drucker zu sagen, was und wie er genau drucken soll. Beispielsweise kannst du wählen, ob er im Hoch- oder Querformat drucken soll, wie die Qualität des Ausdruckes sein soll (sehr gut, gut, normal) oder ob in Farbe gedruckt werden soll. Diese Einstellungen sind allerdings bei jedem Drucker anders.

Word – Drucken von Dateien (2)

Aufgabe 1

Öffne das Menü *Drucken* über die Schaltfläche Office.

Es öffnet sich das Menü *Drucken* in einem neuen Fenster:

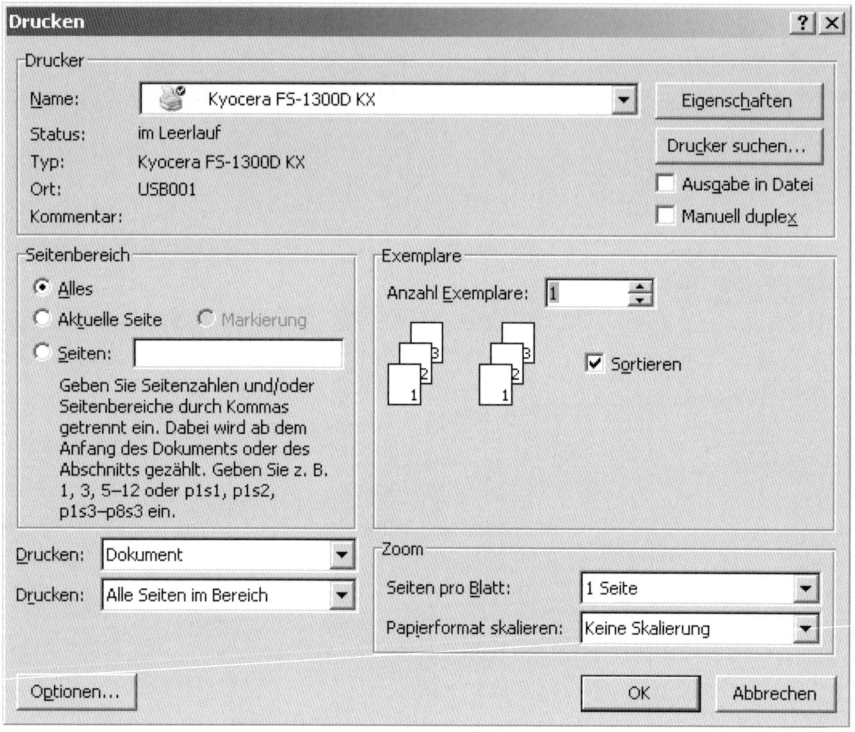

Unter *Name* kannst du aus verschiedenen Druckern auswählen (nur, wenn mehrere Drucker an dem Computer angeschlossen sind).

Unter *Eigenschaften* kannst du in der Regel wählen, welches Format (Quer- oder Hochformat) und welche Qualität der Ausdruck haben soll. Auch zwischen Farb- und Schwarz-Weiß-Ausdruck kannst du wählen.

Unter *Seitenbereich* wählst du aus, ob du
- *Alles* (das ganze Dokument mit allen Seiten),
- nur die *Aktuelle Seite* (die Seite, die du gerade auf dem Bildschirm siehst) oder
- spezielle *Seiten* (hier kannst du einzelne Seiten auswählen) drucken möchtest.

Unter *Exemplare* gibst du ein, wie oft der Drucker dein Dokument ausdrucken soll.

Aufgabe 2

Öffne dein Dokument „DEIN NAME Einladung.docx".
Drucke die Datei im Querformat aus.
Drucke zwei Exemplare im Hochformat.

Word – WordArt (1)

Word bietet neben verschiedenen Schriftarten die Möglichkeit, mithilfe von WordArt Texte ganz besonders schön aussehen zu lassen.

1. Schreibe deinen Namen in ein neues Dokument und markiere ihn. Gehe nun in der Menüleiste auf *Einfügen,* klicke dann in der Registerkarte *Text* auf den Pfeil unter *WordArt*:

Es öffnet sich folgendes Fenster:

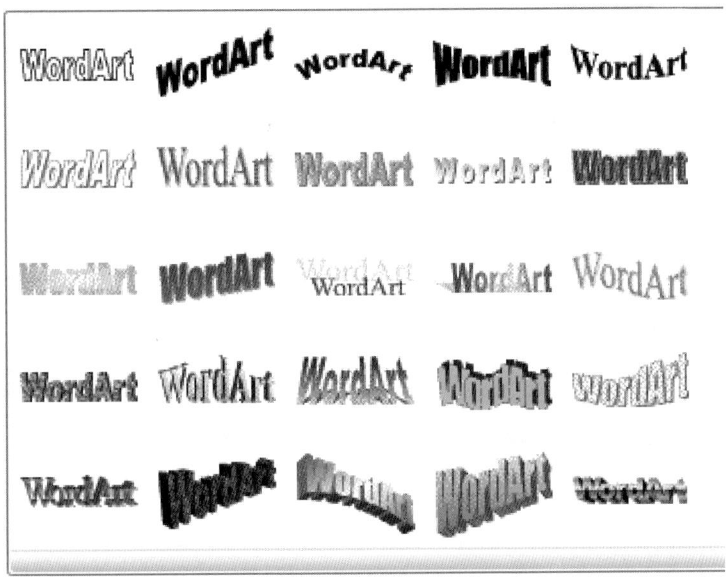

2. Hier kannst du aus verschiedenen Möglichkeiten die Form und Farbe für deinen Text aussuchen, die dir gefallen.

3. Es öffnet sich ein zweites Fenster, klicke jetzt einfach auf *OK* und dein Name erscheint in deiner gewünschten Gestaltung.

Aufgabe

Schreibe die Namen deiner Familienangehörigen, deiner Freunde oder Lieblingssänger auf und probiere verschiedene Möglichkeiten aus.

Training 17

Word – WordArt (2)

Du kannst WordArt auch anders zum Einsatz bringen.

1. Gehe in einem neuen Dokument als Erstes in der Menüleiste auf *Einfügen*, klicke dann in der Registerkarte *Text* auf den Pfeil unter *WordArt*. Es öffnet sich ein Fenster. Hier kannst du aus verschiedenen Möglichkeiten Form und Farbe für deinen Text aussuchen.

2. Es öffnet sich dabei das Fenster *WordArt-Text bearbeiten*:

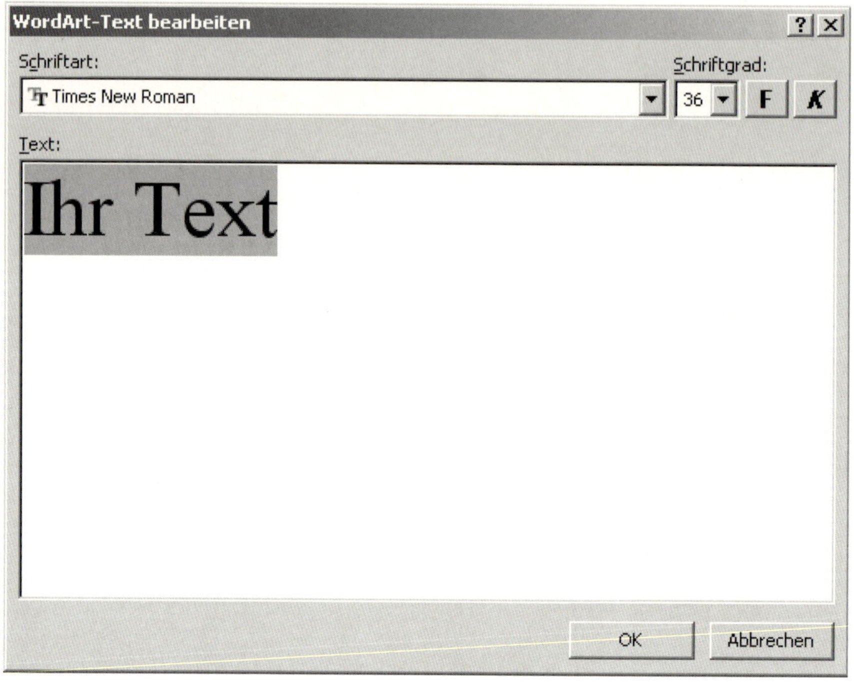

Dort, wo „Ihr Text" steht, kannst du deinen Text schreiben. Sobald du diesen geschrieben hast, kannst du ihn noch abändern. Welche Möglichkeiten, diesen anders aussehen zu lassen, hast du? Schreibe auf:

____

____

____

Aufgabe

Gestalte eine Einladung mit WordArt. Speichere die Datei unter „DEIN NAME Einladung.docx" ab.

Training 18

SILBER

Word – Einfügen von ClipArts und Formen

Einfügen von ClipArts

Du kannst mit Word nicht nur Texte schreiben, sondern auch farbige Schmuckbilder (= ClipArts) einfügen.

Dafür musst du Folgendes machen:

1. Klicke oben in der Menüleiste auf *Einfügen* und dann auf 

in der Registerkarte *Illustrationen.*
2. Es öffnet sich an der Seite das folgende Feld:
3. In dieses Feld musst du nun das hineinschreiben, was du suchst (z. B. „Kuh“) und dann auf *OK* drücken.
4. Unten werden dir dann die Suchergebnisse als Vorschaubild angezeigt. Klickst du nun auf das gewünschte Vorschaubild, wird das Bild eingefügt.
5. Klickst du auf die eingefügte ClipArt, hältst die Maustaste gedrückt und bewegst die Maus, kannst du das Bild verschieben.
6. Verkleinern oder vergrößern kannst du die ClipArts, wenn du auf das Bild klickst. Es erscheint ein Rahmen mit Kreisen an den Ecken. Klicke auf den Kreis rechts oben, halte die Maustaste gedrückt und bewege die Maus.

Einfügen von Formen

Neben den ClipArts kannst du auch Formen wie Pfeile, Sterne oder auch Sprechblasen einfügen.

1. Klicke oben in der Menüleiste auf *Einfügen* und dann auf 

in der Registerkarte *Illustrationen.*
2. Es erscheint das folgende Auswahlmenü:
3. Klicke nun doppelt auf die gewünschte Form und sie erscheint auf dem Blatt.
4. Das Verkleinern, Vergrößern und Verschieben geht hier genauso wie bei den ClipArts.

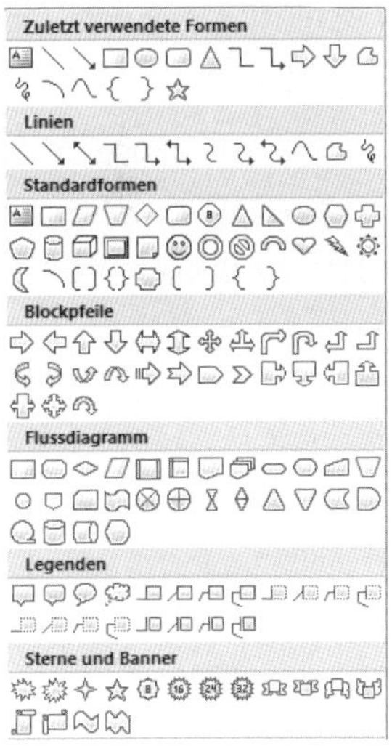

Aufgabe

Schreibe eine Glückwunschkarte für eine Freundin oder einen Freund. Auf der Karte sollen ein Herz-ClipArt, als Formen zwanzig Sterne sowie der Glückwunschtext stehen.

Word – Seitenzahlen

Sobald du in Word einen Text schreibst, der nicht mehr auf die erste Seite passt, öffnet sich automatisch eine weitere Seite und du kannst weiterschreiben. Wenn nun dein Text mehrere Seiten lang ist und du schnell eine bestimmt Stelle wiederfinden möchtest, ist es sinnvoll, dass du Seitenzahlen in deinen Text einfügst.

Dazu gibt es in Word eine Hilfe: Klicke in der Menüleiste auf *Einfügen* und dann in der Registerkarte *Kopf- und Fußzeile* auf *Seitenzahl.*

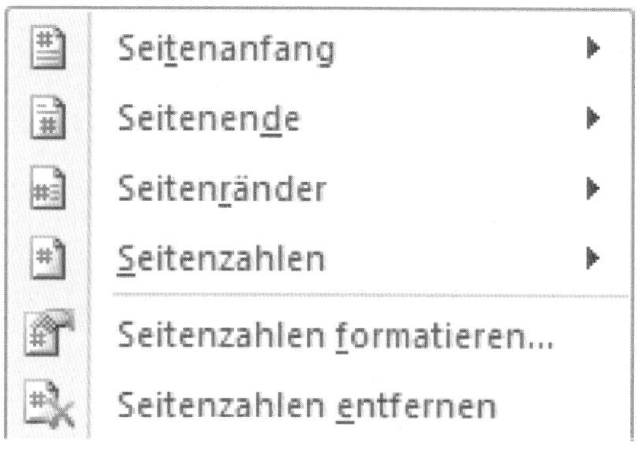

Daraufhin öffnet sich ein weiteres Fenster, in dem du auswählen kannst, wo die Seitenzahlen platziert werden und wie sie aussehen sollen.

Hier kannst du entscheiden, ob die Seitenzahlen am Seitenanfang, am Seitenende oder an den Seitenrändern stehen sollen.

Wenn du auf *Seitenzahlen* klickst, kannst du in einem weiteren Fenster bestimmen, wie diese Zahlen aussehen sollen.

Der Punkt *Seitenzahlen formatieren* lässt noch weitere Möglichkeiten zu:

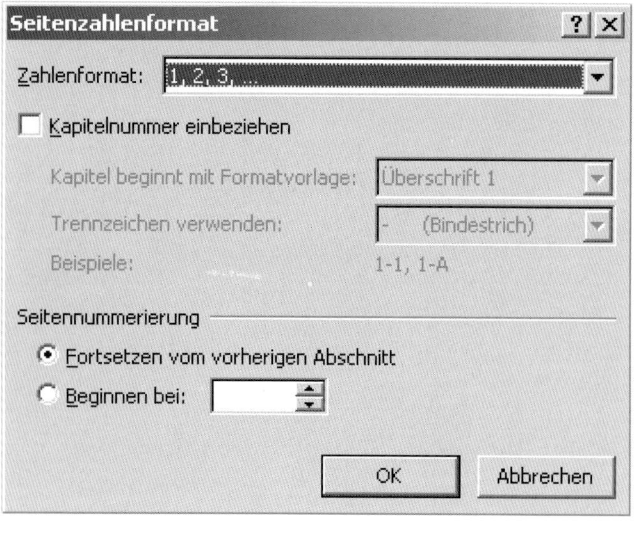

Aufgabe

Öffne ein neues Textdokument in Word. Nummeriere nun deine Seiten. Auch wenn du erst eine Seite hast, kannst du trotzdem damit beginnen.
Wähle dir ein passendes Zahlenformat.
Speichere deinen Text ab.

Word – Einfügen von Tabellen

Du kannst in Word auch Tabellen einfügen.

1. Klicke dafür in der Menüleiste auf *Einfügen* und dann auf das Symbol Tabelle. 

2. Es öffnet sich folgendes Fenster:

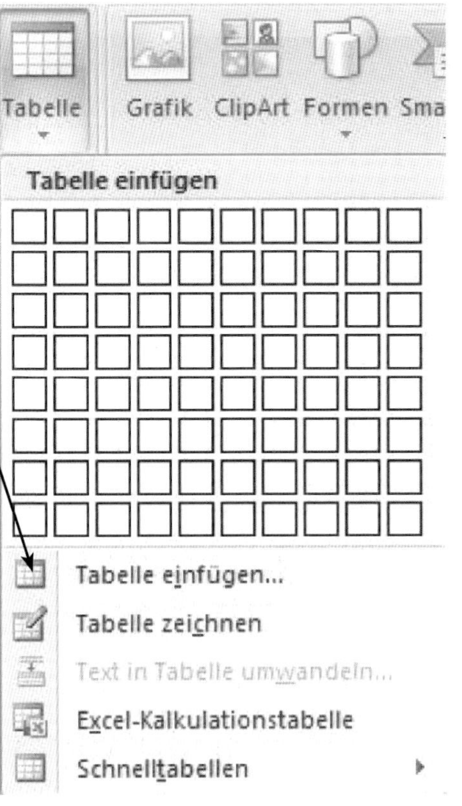

3. Nun musst du auf *Tabelle einfügen* klicken und im sich öffnenden Menü die Anzahl der Spalten (diese zählst du von links nach rechts) und Zeilen (diese zählst du von oben nach unten) festlegen.

4. Die Breite der Spalten und die Höhe der Zeilen änderst du, wenn du mit dem Mauszeiger auf die Linien zwischen den Spalten gehst. Es erscheint nun dieses Symbol: 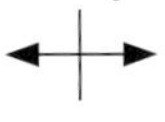

   Hältst du jetzt die linke Maustaste gedrückt und bewegst die Maus, dann verschiebst du die Linie. Hast du die gewünschte Spaltenbreite oder Zeilenhöhe gefunden, dann lasse die Maustaste los.

5. Um etwas in die Zeilen zu schreiben, musst du in das gewünschte Feld (= die Zelle) klicken.

Aufgabe 1

Erstelle dir eine Hausaufgaben-Tabelle. In den Zellen der linken Spalte sollen alle deine Unterrichtsfächer stehen. In der rechten Spalte kannst du deine Hausaufgaben einfügen.

Aufgabe 2

Baue deinen Stundenplan nach.

Word – Tastenkombinationen

Tastenkombinationen nennt man das gleichzeitige oder aufeinanderfolgende Drücken von mindestens zwei Tasten. Mit diesen Tastenkombinationen kannst du einem Programm schnell Befehle geben, wozu du sonst die Maus brauchen würdest. Die Bedienung mithilfe der Maus ist bei Schreibprogrammen wie Word langsamer, da du zum Tippen die Finger ja auf der Tastatur hast.

Aufgabe 1

Öffne die Datei „DEIN NAME Einladung.docx“ und klicke mit der Maus vor das erste Wort des Textes.

Aufgabe 2

Probiere nun die folgenden Tastenkombinationen aus. Drücke die Tasten in der angegebenen Reihenfolge und halte die Tasten gedrückt, bis du die letzte Taste erreicht hast.
Was passiert? Schreibe auf die Linie.

Strg + → ______________________

Strg + ← ______________________

Strg + ⇧ + → ______________________

Strg + ⇧ + ← ______________________

Was passiert, wenn du die Pfeiltasten länger mit den anderen Tasten gedrückt hältst?

____

Drücke die letzte Tastenkombination Strg + ⇧ + ← noch einmal und danach:

Strg + ⇧ + F ______________________

Strg + ⇧ + K ______________________

Strg + ⇧ + U ______________________

Markiere die gerade veränderten Wörter noch einmal und drücke die letzten drei Kombinationen hintereinander.

Was passiert? ______________________

Markiere ein Wort und drücke:

Strg + X ______________________

Klicke irgendwo in den Text und drücke dann: Strg + V ______________________

Markiere ein Wort und drücke dann Strg + C. Klicke irgendwo in den Text und drücke dann:

Strg + V ______________________

Was passiert, wenn du einmal Strg + Z drückst? ______________________

Was passiert, wenn du einmal Strg + Y drückst? ______________________

Internet

Internet – Was heißt das?

Das Wort Internet kommt aus dem Englischen und heißt übersetzt „miteinander verbundene Netzwerke“. Netzwerke sind mehrere Rechner, die miteinander verbunden sind und dadurch Daten austauschen können. Genau genommen sind hier Computer mit Internetanschluss miteinander verbunden. Vielleicht hat sogar deine Schule ein kleines Computer-Netzwerk, an das alle Computer angeschlossen sind.

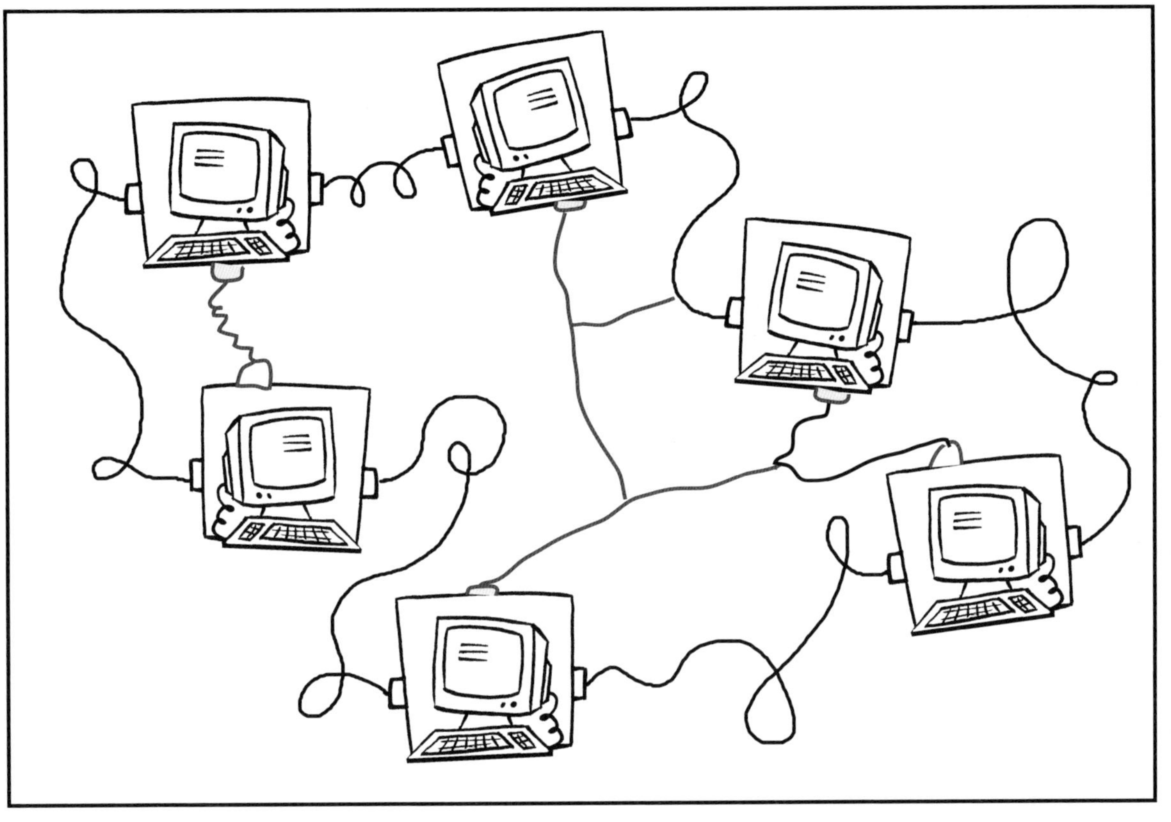

Internet – Wie funktioniert das?

Computer auf der ganzen Welt sind durch die Telefonleitungen miteinander verbunden. Wie beim Telefonieren können sie so über die Leitung miteinander in Verbindung treten. Im Internet gibt es neben den Computern, mit denen du zu Hause oder in der Schule schreibst, auch sogenannte Server (sprich: *Sörwer*). Das ist ein englisches Wort und heißt Versorger. Der Server ist ein Computer, der immer an ist und deinen Computer mit dem Inhalt von Webseiten oder E-Mails versorgt.

1. Beantworte folgende Fragen:
   a) Was heißt Internet?
   b) Was sind Netzwerke?
   c) Wodurch sind die Computer miteinander verbunden?

2. Was weißt du noch über das Internet?

Internet – Der Browser

Zum Betrachten von Internetseiten brauchst du ein besonderes Programm: Den Web-Browser. Das Wort Browser bedeutet „Stöberer“ und wird „Brauser“ ausgesprochen. Es gibt viele unterschiedliche Browser. Sie heißen zum Beispiel „Internet-Explorer“, „Safari“, „Opera“ oder „Mozilla Firefox“.
So oder so ähnlich sieht die Menüleiste aus, wenn du den Internet Explorer öffnest:

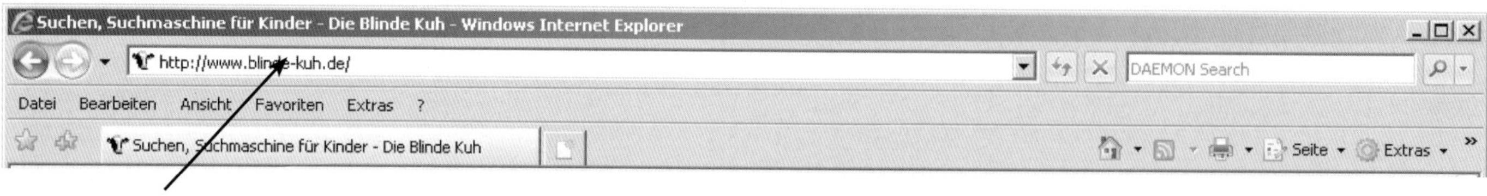

Dieses Feld ist eines der wichtigsten Felder: die Adressleiste. In dieses Feld schreibst du die Internet-Adressen. Das ist die genaue Adresse des Computers im Internet, den du besuchen möchtest, zum Beispiel www.die-maus.de.

www.	**die-maus.**	**de**
Der erste Teil der Adresse lautet meistens www (*world wide web* = weltweites Netz).	Den zweiten Teil der Adresse (die-maus) hat sich der Mensch ausgedacht, der bestimmte Informationen zeigen möchte.	Am dritten Teil der Adresse kannst du sehr oft erkennen, aus welchem Land die Adresse ist. „de“ = Deutschland, „tr“ = Türkei.

Die drei Teile werden immer durch einen Punkt voneinander getrennt.

Du kannst die Internet-Adressen im Web-Browser wie bei einem Schreibprogramm eintippen und auch Fehler verbessern. Wenn du die richtige Adresse eingetippt hast, musst du die Eingabetaste ↵ drücken.
Achtung! Umlaute musst du ausschreiben ä = ae, ö = oe, ü = ue. Anstatt des „ß“ musst du „ss“ schreiben.

Aufgabe

Gibt es diese Internet-Adressen? Probiere aus und kreuze an.

	Ja	Nein
www.tivi.de	☐	☐
www.123456789.de	☐	☐
www.trampeltier.de	☐	☐
www.helles-koepfchen.de	☐	☐
www.blinde-kuh.de	☐	☐
www.kindernetz.de	☐	☐
www.kahnello.de	☐	☐
www.lilipuz.de	☐	☐
www.von-der-heide.de	☐	☐

Für den Lehrer: Siehe Hinweis Seite 83.

Internet – Hyperlinks

Das Besondere von Internetseiten ist, dass du eine Seite nicht wie ein Buch von Anfang bis Ende lesen musst. Häufig sind bei den Texten auf Internetseiten bestimmte Kernbegriffe (= Links) markiert. „Links“ ist Englisch und bedeutet Verknüpfung. Ein Link ist eine Verbindung zu weiteren Informationen.

Links sind oft unterstrichen, farbig markiert oder in einer dickeren Schrift (fett) dargestellt. Manchmal sind auch bei Bildern oder Symbolen Links verborgen. Viele Internetseiten sind so miteinander verbunden. Häufig gelangst du durch einen Klick auf einen Link auf eine weitere Internetseite oder an eine andere Stelle der Seite.

Der Mauszeiger verwandelt sich in eine Hand mit einem ausgestreckten Zeigefinger, wenn du ihn über einen Link bewegst. Gleichzeitig kann sich bei Bildern und Texten die Farbe ändern, wenn du mit der Maus darüber fährst.

Aufgabe 1

Gehe auf die Seite www.wdrmaus.de. Fahre mit dem Mauszeiger über die Internetseite. Finde mindestens zehn Links. Wohinter verstecken sie sich? Schreibe die Links auf.

Aufgabe 2

Gehe auf die Seite www.blinde-kuh.de. Fahre mit dem Mauszeiger über die Internetseite. Finde mindestens zehn Links. Wohinter verstecken sie sich? Schreibe die Links auf.

Die wichtigsten Buttons des Internet-Explorers (1)

Auch das Programm Internet-Explorer hat oben im Fenster verschiedene Buttons, nach dessen Anklicken etwas passiert.

Aufgabe 1

Gehe auf die Seite www.blinde-kuh.de und klicke hintereinander auf zehn verschiedene Links.

Aufgabe 2

Schreibe rechts in die Tabelle, was nach dem Anklicken der Buttons passiert.

Die wichtigsten Buttons des Internet-Explorers (2)

Aufgabe 1

Gib in dieses weiße Feld oben rechts den Namen deines Lieblingstieres ein und klicke auf die Lupe. Was passiert?

____

____

____

Aufgabe 2

Klicke auf [☆ Favoriten]. Klicke nun in dem neuen Fenster auf das Wort Verlauf. Was passiert, wenn du danach auf die Wörter unten klickst?

____

____

____

Aufgabe 3

Klicke nun nochmal auf [☆ Favoriten]. Was passiert, wenn du auf [Zu Favoriten hinzufügen...] klickst?

____

____

____

Aufgabe 4

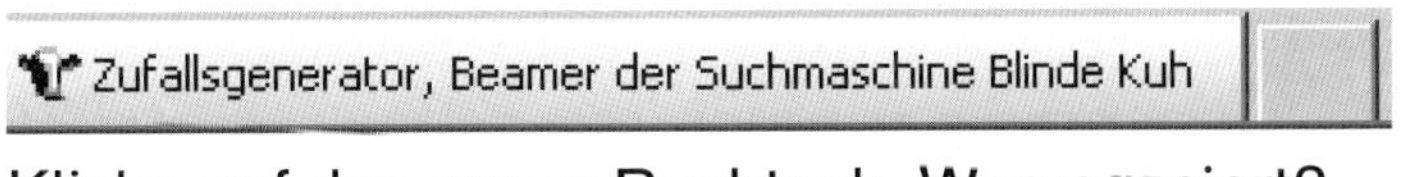

Klicke auf das graue Rechteck. Was passiert?

____

____

____

Training 27

Internet – Seitensuche nutzen und Filme abspielen

Suchfunktion

Eine weitere tolle Sache auf den Internetseiten ist die Suchfunktion.
Bei www.wdrmaus.de musst du auf die Lupe klicken.

So kannst du alle Texte auf der „Maus-Seite“ nach Wörtern durchsuchen lassen und bekommst Links zu Suchtreffern angezeigt. Auf anderen Seiten ist meistens ein weißes Feld zu sehen, in das du die gesuchten Wörter hineinschreiben kannst. Durch das Drücken der Eingabetaste wird das Wort gesucht.

Aufgabe 1

Gib das Wort „Internet“ und „Sachgeschichten“ bei der „Maussuche“ ein und klicke auf das erste Suchergebnis. Was bekommst du?

Filme angucken

Im Internet kann man sich nicht nur Bilder angucken oder Texte lesen. Auf vielen Seiten kannst du auch Musik hören oder dir kleine Filme angucken. Die Tasten, um einen Film abzuspielen, ähneln den Tasten eines DVD- oder CD-Spielers.

Aufgabe 2

Du hast gerade auf der Maus-Seite nach „Internet“ und „Sachgeschichten“ gesucht und auf das erste Suchergebnis geklickt. Es öffnet sich eine Seite auf der folgendes Bild zu sehen ist:

Klicke auf das Dreieck. Was passiert?

Internet – Texte kopieren

Du kannst die Texte von vielen Internetseiten kopieren und in ein Schreibprogramm einfügen. Das geht so:

1. Bewege den Mauszeiger vor das erste Wort des Textes, den du kopieren möchtest.

2. Klicke nun die linke Maustaste, halte sie gedrückt und fahre bis zum letzten Wort des Textes, den du kopieren möchtest. Der Text wird dadurch farbig markiert. Lasse nun die Maustaste los.

3. Klicke mit der rechten Maustaste auf den markierten Text. Es erscheint das Kontextmenü. Hier musst du nun auf *Kopieren* klicken. Der Text ist nun in der Zwischenablage von Windows. Hier wird immer der zuletzt kopierte Text (oder das zuletzt kopierte Bild) zwischengelagert.

4. Öffne nun die Word-Datei, in die du den kopierten Text einfügen möchtest. Klicke mit der rechten Maustaste an die Stelle, an der der Text eingefügt werden soll. Es erscheint das Kontextmenü. Klicke hier auf *Einfügen*.

Das Kopieren von Texten ist keine eigene Leistung. Du täuscht damit deinen Lehrer und dich selbst, wenn du so deine Hausaufgaben erledigst.

Aufgabe 1

Suche auf der Seite www.blinde-kuh.de nach deinem Lieblingstier.

Aufgabe 2

Kopiere den Text in eine Word-Datei, füge eine Überschrift ein und verändere die Schriftgröße.

Aufgabe 3

Speichere die Datei unter dem Namen „DEIN NAME Lieblingstier.docx“ in deinem Ordner ab.

Internet – Bilder kopieren

Deine Aufgabe lautet, einen Text mit Bildern zum Thema „Wolf“ zu erstellen.

Wenn du auf der Seite www.blindekuh.de nach „Wolf“ suchst, bekommst du Informationen über Wölfe. Klicke vorher auf das weiße Quadrat neben „sortiert für KIDS“. Danach muss dort ein kleiner Haken zu sehen sein.
Es werden dir Texte und Bilder angezeigt.

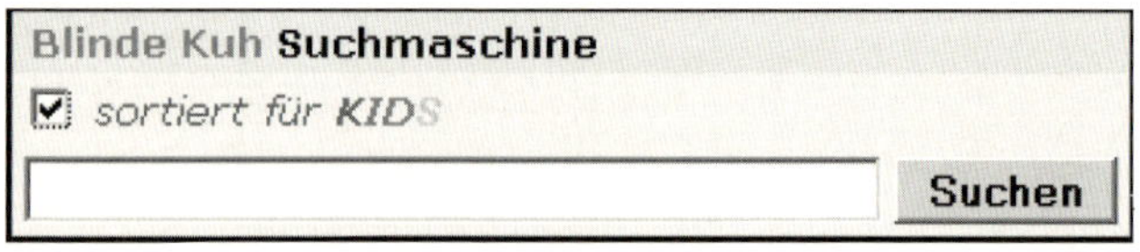

1. Kopiere einen Text und erstelle ein Word-Dokument.

2. Wie bekommst du die Bilder in deine Word-Datei?

Das geht so:

1. Klicke mit der rechten Maustaste auf das Bild. Es erscheint das Kontextmenü.

2. Klicke nun auf *Grafik speichern unter.*

3. Nun wirst du gefragt, wo du es speichern möchtest. Speichere es in deinem Ordner.

Nun möchtest du vielleicht das Foto bearbeiten und den Hintergrund des Bildes löschen oder aber den Tiernamen in das Bild schreiben. Das kannst du mit Paint machen.

Aufgabe 1

Öffne das Programm Paint. Klicke oben links auf das Wort *Datei* und danach auf das Wort *Öffnen.* Nun musst du in den Ordner gehen, in dem das Bild abgelegt wurde. Klicke zweimal auf die gewünschte Bilddatei. Nun kannst du das Bild bearbeiten. Speichere es dann ab.

Aufgabe 2

Das Einfügen von Bildern in Word funktioniert wie das Einfügen von Formen. Klicke in der Menüleiste auf *Einfügen*, dann in der Registerkarte *Illustrationen* auf *Grafik.* Wähle dann die Datei aus dem entsprechenden Ordner aus.

Speichere die Datei unter „DEIN NAME Silber Kapitel 29.docx“ ab.

Die Silber-Prüfung

Erstelle mit Word einen kurzen Text über den Blauwal.
Dieser soll deine Mitschüler über das Tier informieren.

Informationen über den Blauwal findest du auf der Seite www.blinde-kuh.de.

1. Der Text soll folgende Merkmale und Inhalte haben:
   - Informationen zu Aussehen, Lebensraum und Nahrung
   - Ein Teil des Textes soll von einer gefundenen Internetseite stammen.
   - Dieser kopierte Textteil soll in roter Schrift sein.
   - Die Überschrift soll mit WordArt gestaltet sein.
   - Seitenzahlen sollten unten rechts stehen.
2. Speichere den Text unter dem Namen „DEIN NAME Silber-Prüfung“ in deinem Ordner ab.
3. Drucke die Datei aus.

Training 1

GOLD

Excel – Einführung

Mit Excel hast du u. a. die Möglichkeit, kleine Aufgaben zu rechnen sowie Tabellen und Diagramme zu erstellen.

Excel startest du, indem du mit der linken Maustaste auf *Start* klickst, dann auf *Programme,* dann auf *Microsoft Office* und schließlich auf *Excel.*

Das Tabellenkalkulationsprogramm Excel startet und dein Bildschirm sieht jetzt so aus:

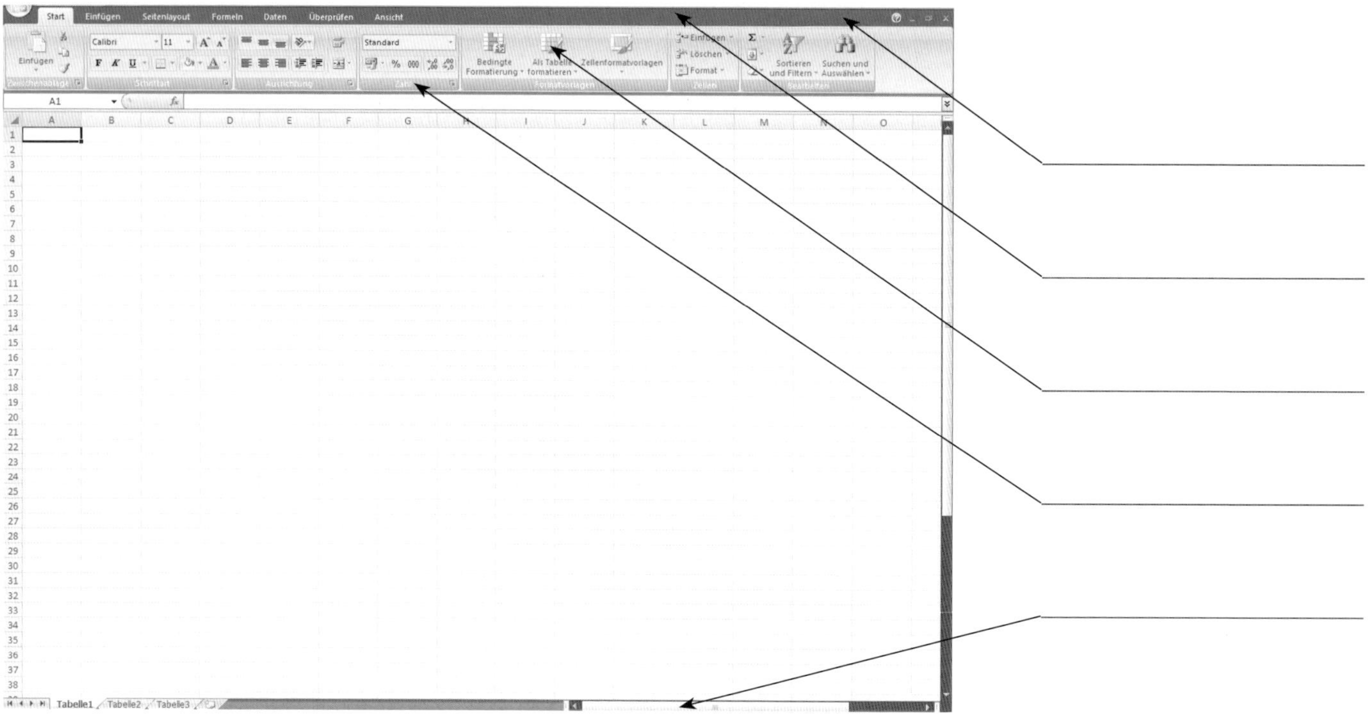

Aufgabe 1

Starte Excel. Trage die fehlenden Bezeichnungen in der Abbildung ein.

Die einzelnen Kästchen in Excel heißen „Zellen“. In diese Zellen trägst du zum Beispiel Zahlen ein, die du addieren willst. Jede Zelle hat einen Namen. Beim Start von Excel befindet sich ein schwarzer Rahmen auf der Zelle „A1“.

Aufgabe 2

Trage nun in die Zellen A1 und A2 zwei beliebige Zahlen ein, die du dann addierst. Klicke dazu die Zelle „A3“ an. Klicke auf Σ in der Registerkarte *Bearbeiten.* Was passiert?

Excel – Tabellenkalkulation

Mit dem Programm Excel kannst du auch große Plusaufgaben berechnen. Das funktioniert so:

1. Öffne Excel.
2. Schreibe in eine Zelle die erste große Zahl.
3. Schreibe in die Zelle darunter die zweite Zahl. Mache so weiter, dass insgesamt zehn große Zahlen untereinander stehen.
4. Klicke nun in die freie Zelle, die zwei Zeilen unter der letzten Zahl und eine Spalte weiter rechts ist, und schreibe „Ergebnis“ hinein.
5. Klicke nun in die Zelle links daneben.
6. Klicke danach in der Menüleiste auf *Formeln* und dann auf das Feld unter dem Zeichen Σ. Folgende Auswahl erscheint, bei der du *Summe* anklicken musst:

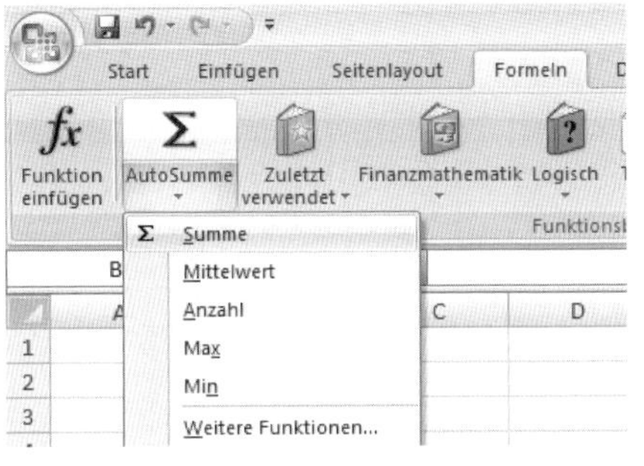

7. Nun sind alle zehn Zellen mit Zahlen von einem Rahmen umschlossen, dessen Linie sich bewegt.
8. Drücke nun die Eingabetaste und das Ergebnis der Plusaufgabe erscheint.

Aufgabe 1

Berechne eine Plusaufgabe. Denke dir dabei zehn Zahlen aus, die bis zu einer Million groß sind.
In der Zelle links neben dem Ergebnis soll das Wort „Ergebnis“ stehen. Speichere die Datei unter dem Namen „DEIN NAME Gold Tabelle 1.docx“ in deinem Ordner.

Aufgabe 2

Hier siehst du die Höchsttemperaturen von einer Woche:
Berechne die Durchschnittstemperatur (den Mittelwert) in der Woche. In der Zelle über der Temperatur vom Montag soll „Temperatur in Grad Celsius“ stehen. In der Zelle links neben dem Ergebnis soll das Wort „Durchschnittstemperatur“ stehen.
Speichere die Datei unter dem Namen „DEIN NAME Gold Tabelle 2.docx“ in deinem Ordner.

Excel – Einfache Diagramme herstellen

Manchmal ist es übersichtlicher, Ergebnisse von beispielsweise einer Wahl nicht in Zahlen auszudrücken, sondern in einem Diagramm (Schaubild) darzustellen.

Das Ergebnis der Wahl eines Klassensprechers oder die Wahl des Ortes der nächsten Klassenreise lässt sich mithilfe von Excel schnell in einem Diagramm darstellen. So erkennt jeder sofort, welches Ergebnis vorliegt.

Aufgabe

Öffne Excel. Schreibe in eine Zelle als Überschrift „Ort unserer nächsten Klassenreise“ und in die Zelle rechts daneben „Stimmen“.

Es wurde gewählt, wohin die nächste Klassenreise geht. Vier Orte standen zur Auswahl. Das Ergebnis fiel so aus:

Hamburg	10 Stimmen
Stade	2 Stimmen
Buxtehude	0 Stimmen
Cuxhaven	8 Stimmen

Tragt in die entsprechenden Spalten die Orte und die Stimmen ein:

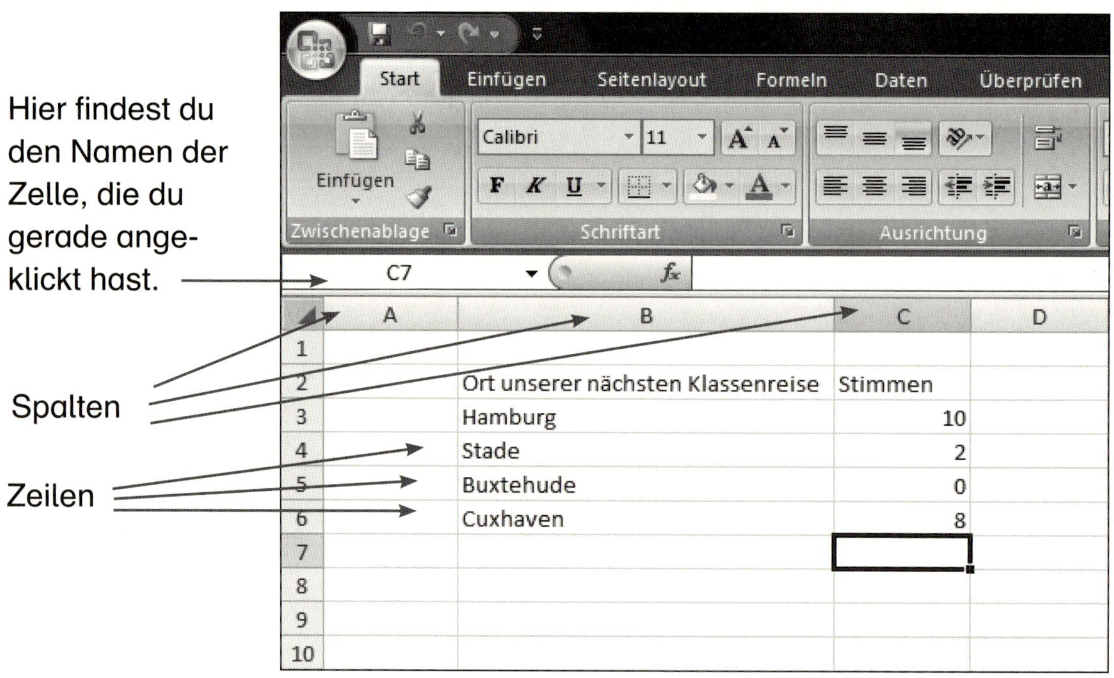

GOLD

Um das Ergebnis nun in einem Diagramm darzustellen, sind folgende Schritte notwendig:

1. Markiere den Bereich, der im Diagramm dargestellt werden soll (hier: Zelle B2 bis Zelle C6). Dafür klicke die Zelle B2 an. (Die Zellen findest du, indem du dir die Bezeichnung der Spalte und der Zeile anschaust. Spalten sind mit Buchstaben gekennzeichnet: „A“, „B“,“C“ …, Zeilen mit Zahlen „1“, „2“, „3“…)

2. Ziehe die Maus mit gedrückter Maustaste auf die Zelle C6.

Menü *Einfügen*

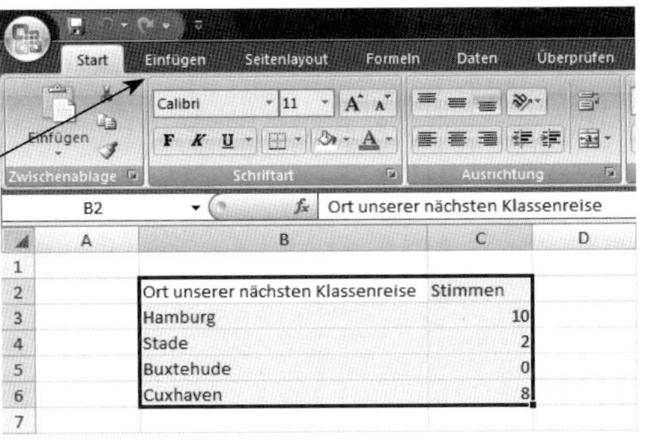

3. Klicke auf *Einfügen*. Du sieht nun die Registerkarte *Diagramme*. Hier kannst du aus verschiedenen Diagrammtypen den auswählen, der dir am besten gefällt.

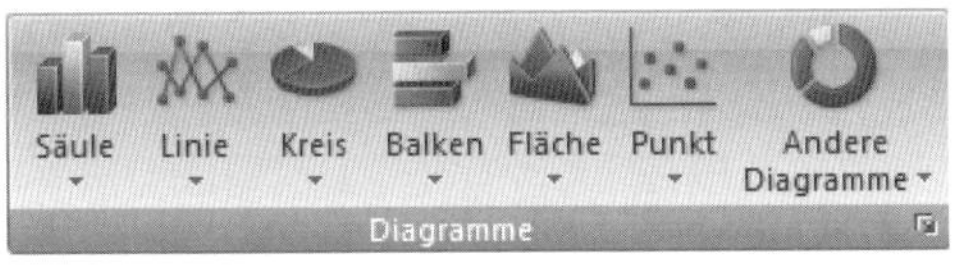

Wähle *Säule*. Klicke darauf. Es erscheinen verschiedene Diagramme zur Auswahl.

4. Klicke auf *2D-Säule*.

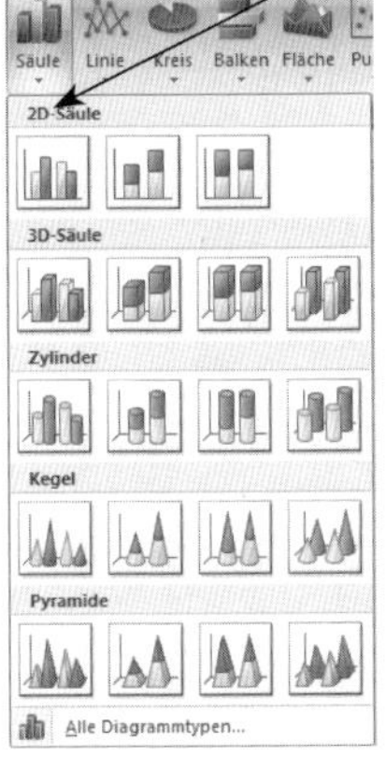

Excel erstellt daraufhin automatisch ein Diagramm:

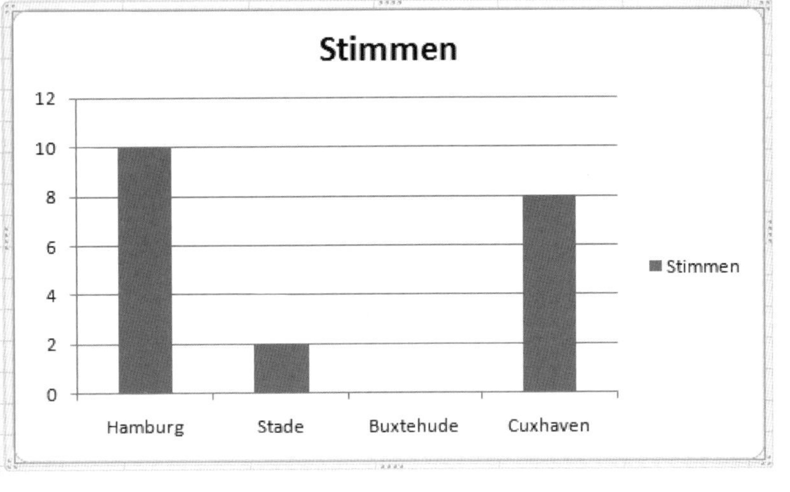

Aufgaben

1. Erfasse, wie viele Kinder deiner Klasse folgende Freizeitbeschäftigungen haben: Musik – Sport – Computer – Lesen.

2. Erstelle ein Diagramm.

3. Probiere verschiedene Diagrammtypen aus.

Word – Überschriften

Aufgabe 1

1. Starte Word. Öffne ein neues Dokument. Schreibe einen Steckbrief über dich. Mein Name – Mein Geburtstag – Mein Sternzeichen – Meine Schule – Meine Schulklasse – Meine besten Freunde
2. Speichere deinen Steckbrief in deinem Ordner unter dem Namen „DEIN NAME Steckbrief. docx“ ab.
3. Schaue dir den Steckbrief an. Was fehlt? Eine Überschrift! Jeder soll auf den ersten Blick erkennen können, von was und von wem der Text handelt. Mithilfe von Word hast du die Möglichkeit dir aus vielen verschiedenen Überschriften eine passende für deinen Text auszusuchen.

Aufgabe 2

1. Schreibe über deinen Steckbrief eine Überschrift: *Steckbrief von …*
2. Nun soll sich deine Überschrift deutlich vom restlichen Text unterscheiden. Klicke dazu in irgendein Wort deiner Überschrift, sodass du den blinkenden Cursor in der Überschrift siehst. Klicke nun dreimal schnell hintereinander auf das Wort und deine ganze Überschrift ist markiert.
3. In der Multifunktionsleiste von Word gibt es eine Registerkarte, die *Formatvorlagen* heißt:

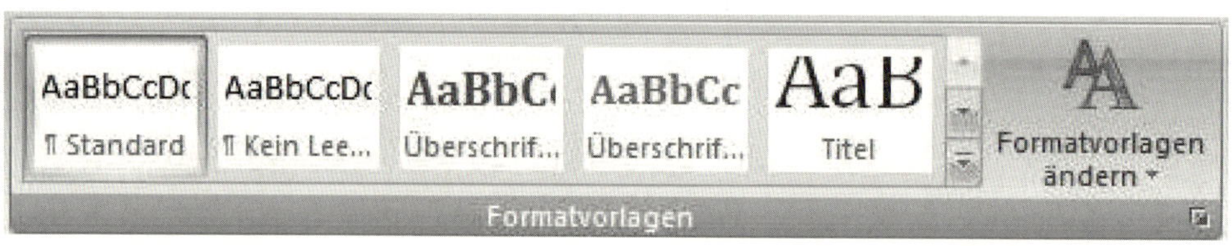

   Du findest diese Registerkarte, wenn du auf den Menüpunkt *Start* in der Menüleiste klickst. Fahre mit der Maus (ohne zu klicken) über die fünf verschiedenen Schriften.

   Was passiert mit der markierten Überschrift? ______________________

4. Klicke nun auf eine der möglichen Schriften, was passiert?

   ____

   Neben der fünften Schrift siehst du einen Pfeil (Rollpfeil), der nach unten zeigt, sowie darunter einen Pfeil mit einer Linie darüber. Klicke zuerst auf den Pfeil, dann auf den Pfeil mit der Linie darüber.

   Was passiert? ______________________

5. Speichere deinen Steckbrief ab: „DEIN NAME Steckbrief2.docx“.

Training 5

Word – Schriftformatierungen

Word bietet dir die Möglichkeit, einen Text genau nach deinem Geschmack anzupassen. Du kannst verschiedene Schriftgrößen und -farben auswählen, du kannst Überschriften mit vorgegebenen Vorlagen gestalten sowie verschiedenste Aufzählungsarten nutzen.

1. Schreibe einen Bericht über dein letztes Wochenende für die Klassenzeitung. Dem Leser soll berichtet werden:
   - ✓ Was war passiert?
   - ✓ Wo fand es statt?
   - ✓ Wer war dabei?
   - ✓ Warum war es geschehen?
   - ✓ Was für Folgen hatte das?

2. Wenn du nun deinen Bericht fertig geschrieben hast, versuche ihn für den Leser schön und übersichtlich zu gestalten. Du kannst Wichtiges hervorheben. Dafür hast du in Word viele Möglichkeiten:

   Im Menü *Start* findest du drei Registerkarten *Schriftart*, *Absatz* und *Formatvorlagen*, die dir bei der Gestaltung deines Berichts helfen. Probiere verschiedene Möglichkeiten.

   Im Menü *Absatz* hast du u. a. folgende Möglichkeiten, deinen Text nach deinen Wünschen anzupassen:

Aufzählungszeichen auswählen, eine nummerierte Liste starten

Text linksbündig, mittig oder rechtsbündig platzieren

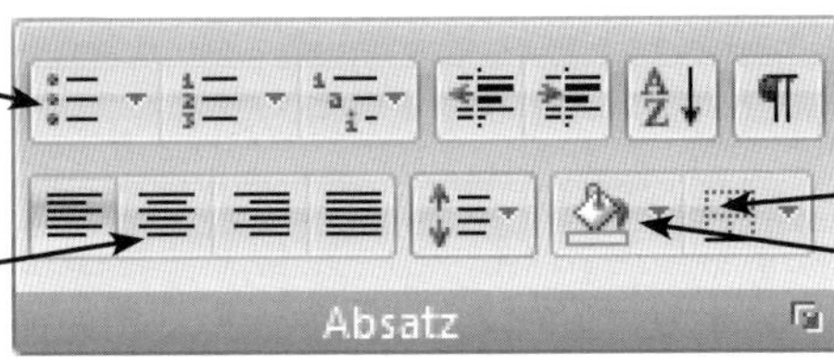

Rahmen um Texte platzieren

Text schattieren

Probiere aus.

Eine weitere Möglichkeit, deinen Text übersichtlich zu gestalten, sind die von Word vorgegebenen Formatvorlagen:

3. Füge Bilder in deinen Text ein.

4. Wenn du deinen Text so gestaltet hast, dass er dir gefällt, speichere ihn oder drucke ihn aus.

Word – Bilder verschieben und die Größe verändern

Bilder verschieben

Du hast in dem vorangegangenen Kapitel Bilder in ein Word-Dokument eingefügt. Sicherlich hattest du Probleme, das Bild an die richtige Stelle zu verschieben. Um ein Bild zu verschieben, musst du Folgendes tun:

1. Öffne die Datei „DEIN NAME Silber Kapitel 29.docx“ und klicke auf das Bild, das du verschieben möchtest.
2. In der Symbolleiste und Menüleiste oben erscheinen nun diese zusätzlichen Felder: 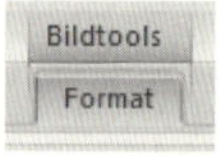

3. Klicke nun auf das Feld *Textumbruch* und klicke in dem sich öffnenden Fenster auf *Quadrat.*
4. Nun kannst du das Bild verschieben, indem du mit der linken Maustaste auf das Bild klickst, die Maustaste gedrückt hältst und das Bild an den von dir gewünschten Platz ziehst. Bei angeklicktem Bild kannst du auch Pfeiltasten auf der Tastatur zum Verschieben nutzen.

Bildgröße ändern

Wenn du die Größe deines Bildes ändern willst, dann klicke auf das Bild. Um das Bild herum erscheint ein Rahmen mit Punkten und Kästchen, genauso wie bei dem Beispiel rechts.
Um das Bild zu vergrößern, musst du auf einen der Kreise in den Ecken klicken, die Maus gedrückt halten, das Bild bis zur gewünschten Größe ziehen und dann die Taste loslassen.

Aufgabe 1

Was passiert, wenn du anstatt der Punkte die Quadrate nimmst?

____

Aufgabe 2

Was passiert, wenn du auf den grünen Punkt über dem Bild klickst, die Taste gedrückt hältst und die Maus verschiebst ?

____

Training 7

Word – Rechtschreibung und Grammatik überprüfen

Vielleicht sind dir schon einmal beim Schreiben mit Word unter einzelnen Wörtern rot, blau oder grün gekringelte Linien aufgefallen. Diese Wörter hattest du zu dem Zeitpunkt falsch geschrieben.

– Rechtschreibfehler werden mit einer roten,
– Grammatikfehler mit einer grünen und
– fehlerhafte Groß-/Kleinschreibung mit einer blauen Wellenlinie angezeigt.

Nachdem du einen Text fertig geschrieben hast, gelangst du so zur Rechtschreibprüfung. Sie sucht nacheinander Wort für Wort nach möglichen Fehlern und bietet dir Lösungsvorschläge:

1. Klicke in der Menüleiste auf *Überprüfen.*
2. Klicke auf *Rechtschreibung und Grammatik.*

3. Es öffnet sich das folgende Fenster, das dir mehrere Möglichkeiten bietet:

Hier wird der mögliche Fehler im Satz farbig hervorgehoben.

Hier kannst du Lösungsvorschläge auswählen und markieren.

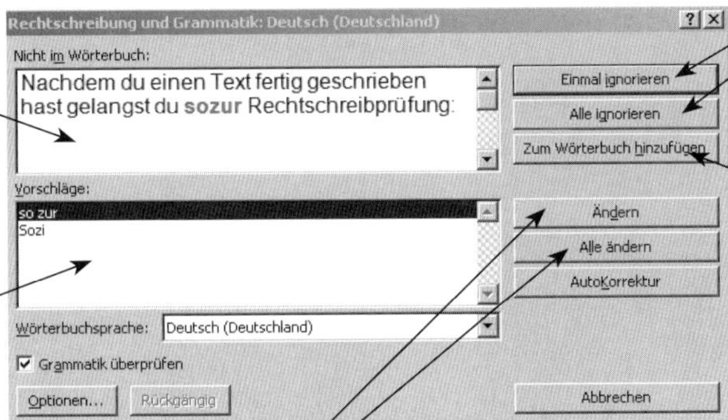

Hier kannst du Lösungsvorschläge einmal oder mehrmals ignorieren.

Der Computer hat nicht alle Wörter in seinem Wörterbuch. Wenn du genau weißt, dass das markierte Wort richtig geschrieben wurde, fügst du es hiermit dem Wörterbuch hinzu.

Klickst du hier, wird das markierte Wort mit dem markierten Vorschlag getauscht. Falls dieser markierte Fehler häufiger vorkommt klickst du auf *Alle ändern*. Bei diesem Beispiel würden alle „sozur" zu „so zur" geändert werden.

Aufgabe

Tippe den Text ab. Verbessere die zehn Rechtschreibfehler mithilfe der Rechtschreibprüfung.

Verlase dich nicht nur auf die Rechtschreipprüfung von Word. Sie erkännt nicht alle Fehler und manche angezeigten „Fehler" sind kaine. Viele Wörter kennt Word auch erst gar nicht. Diese Rechtschreibprüfung soll dir nur eine keleine Hifle sein. Trotz der Rechtschreibprüfung musst du immer noch entscheiden, ob der angeziegte Fehler ein Fehler ist. Du musst alos weitarhin Rechtschreibung lärnen.

Word – Synonyme

Du kennst das vielleicht vom Aufsatzschreiben: Immer wieder musst du ein bestimmtes Wort verwenden, weil dir keine anderen Wörter für diesen Ausdruck einfallen. Dadurch wird der Text langweilig, weil sich die Wörter wiederholen. Das Programm Word bietet dir beim Schreiben am Computer dafür eine Hilfe: die Synonym-Funktion.

Synonym heißt „Wort mit gleicher oder ähnlicher Bedeutung“. Beim Wort Orange sind die von Word vorgeschlagenen Synonyme Apfelsine und Zitrusfrucht. Leider hat Word nicht für jedes Wort Synonyme zur Verfügung.

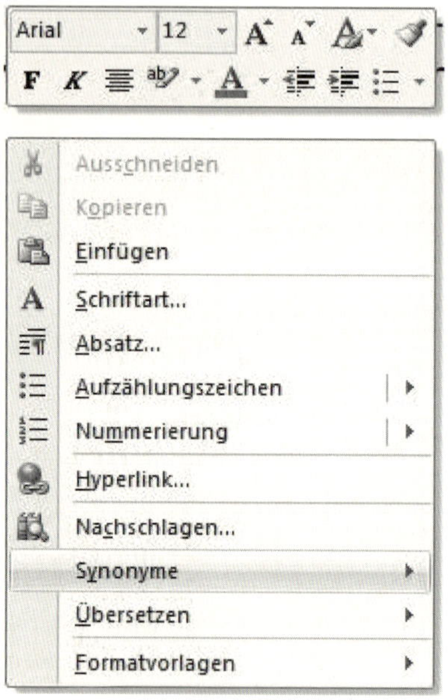

So gelangst du zur Synonym-Funktion:

1. Klicke mit der rechten Taste in dem Text auf das Wort, das du austauschen möchtest.
2. Es öffnet sich das links abgebildete Kontextmenü.
3. Klicke mit der linken Maustaste nun auf *Synonyme* und wähle das am besten passende Synonym aus.

Aufgabe 1

a) Tippe die unten stehenden Wörter in ein neues Word-Dokument ab. Suche für diese Wörter jeweils mindestens zwei Synonyme. Schreibe diese hinter das Anfangswort: **Kartoffel – Schloss – essen – gehen – plötzlich – laut – Bank – antworten – sagen – Schiff – Pferd – Krone**

b) Speichere die Datei unter „DEIN NAME Gold Kapitel 8.docx“.

Aufgabe 2

Nicht jedes Wort, das Word vorschlägt, ist ein Synonym. So haben einige Wörter auch zwei Bedeutungen (Du kennst bestimmt das Spiel „Teekesselchen“). Word erkennt diese Teekesselchen nicht und bietet für beide Bedeutungen Synonyme an. Manchmal gibt dir Word auch überhaupt keine passenden Vorschläge.
Gehe nochmal deine gefundenen Wörter aus der Aufgabe 1 durch. Vergleiche die Wörter mit dem Ursprungswort und färbe unpassende Wörter rot ein.

Training 9

Tastenkombination Windows

Was Tastenkombinationen sind, kennst du ja schon aus dem Kapitel Silber 21. Einige Tastenkombinationen aus Word kannst du auch im Explorer verwenden.

Mit [Strg] + [C], [Strg] + [V] und [Strg] + [X] kopierst und verschiebst du jetzt keine von dir vorher markierten Wörter mehr, sondern die markierten Dateien.

Drücke die Tasten in der angezeigten Reihenfolge und halte die Tasten gedrückt, bis du die letzte Taste erreicht hast. Was passiert? Schreibe auf die Linien.

Aufgabe 1

Öffne mehrere Fenster, sodass du mehrere Schaltflächen in der Taskleiste siehst.

[⊞] + [D] ______________________________

[⊞] + [⇧] + [M] ______________________________

[F3] ______________________________

[⊞] + [F1] ______________________________

[Alt] + [⇆] ______________________________

Aufgabe 2

Nur der Desktop sollte zu sehen sein.

[Strg] + [A] ______________________________

[F2] ______________________________

Aufgabe 3

Funktionieren die beiden letzten Tastenkombinationen auch im Explorer?
Öffne ihn ([⊞] + [E]) und probiere aus.

Training 10/1

GOLD

E-Mail-Verkehr

Dein Freund oder deine Freundin hat Geburtstag und du möchtest ihm oder ihr dazu gratulieren. Mit einem E-Mail-Programm (zum Beispiel Microsoft Outlook) kannst du das schnell erledigen.

Starte dazu das E-Mail-Programm auf deinem PC.

Dein E-Mail-Programm sieht so (oder ähnlich) aus:

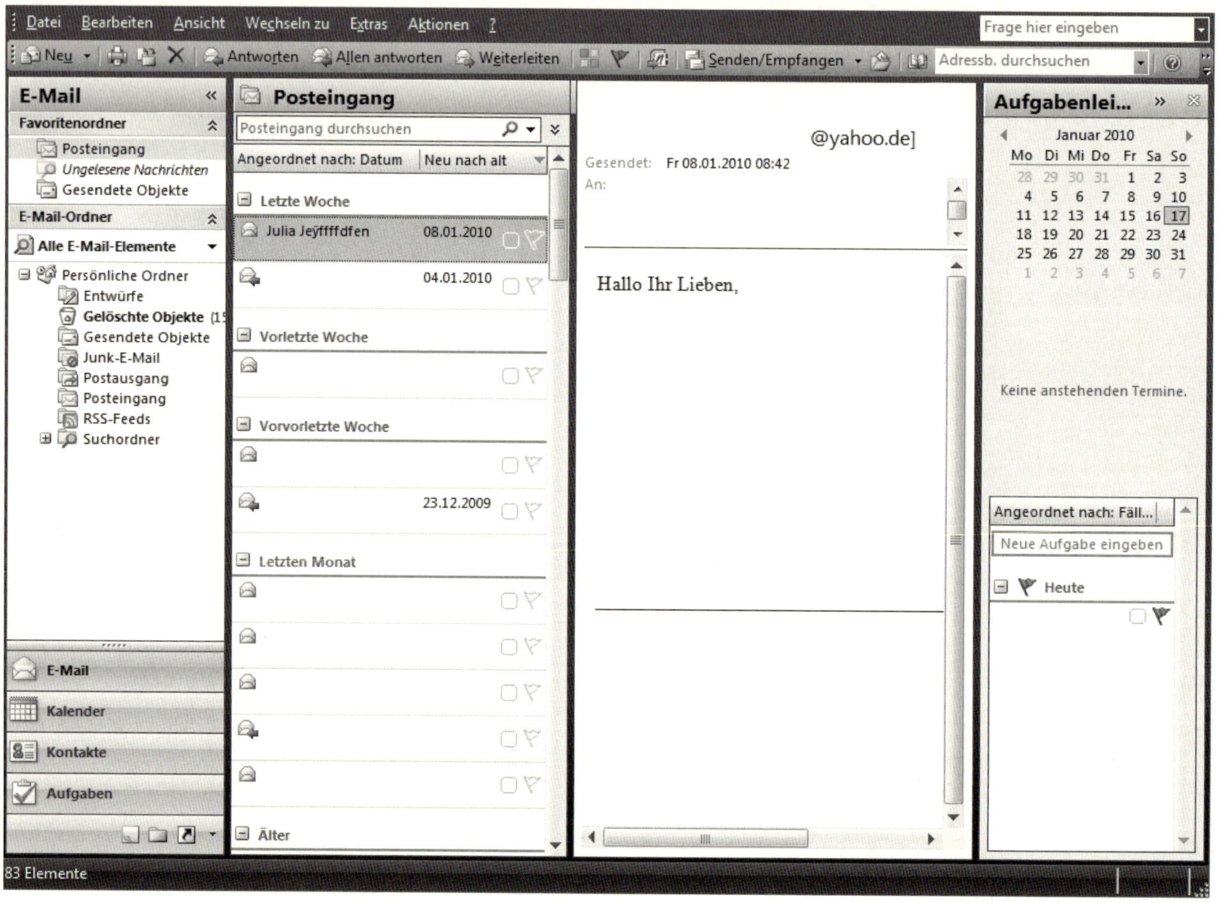

Am wichtigsten sind der *Posteingang* und der *Postausgang*. Der Posteingang ist wie der Briefkasten bei dir zu Hause. Hier findest du Post (Mails), wenn jemand dir geschrieben hat. Der Postausgang ist wie der Briefkasten oder der Briefschalter bei der Post. Von hier werden deine Mails verschickt. Im Gegensatz zum Briefkasten, kannst du hier deine versendeten Mails immer wiederfinden.

Training 10/2

Aufgabe 1

Was bedeutet E-Mail? Informiere dich.

Aufgabe 2

Klicke in deinem E-Mail-Programm auf *Neu*, um eine neue E-Mail zu schreiben. Es öffnet sich ein neues Fenster, in dem du deine E-Mail schreiben und versenden kannst: Neben dem Button *An* kannst du die E-Mail-Adresse deines Freundes oder deiner Freundin eingeben.

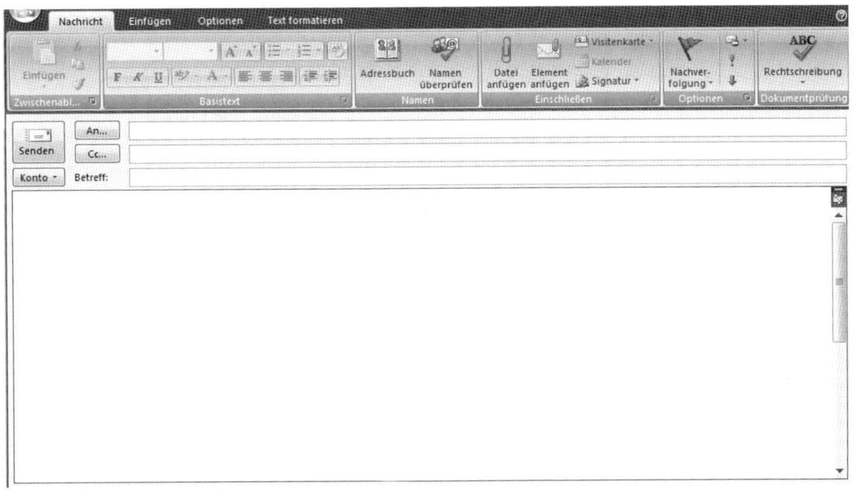

Achte genau auf die richtige Eingabe der Adresse, nur ein falscher Buchstabe und deine Mail kommt nicht an!

In der Zeile neben dem Wort *Betreff* kannst du den Grund nennen, warum du diese Mail schreibst. So weiß der Empfänger immer sofort, worum es sich bei der Mail handelt.

1. Schreibe nun eine Mail, in der du deinem Freund oder deiner Freundin zum Geburtstag gratulierst.
2. Klicke auf *Senden*, sobald du fertig bist, und die Mail wird verschickt.

Wiederholung

Schreibe die Bedeutung auf, bzw. was passiert.

E-Mail = ______________________________

Posteingang = ______________________________

Postausgang = ______________________________

Senden = ______________________________

E-Mail-Anhang

In einer E-Mail kannst du nicht nur etwas schreiben, sondern auch verschiedene andere Dateien (sogenannte Anhänge) mitschicken, zum Beispiel Fotos oder Musik.

Aufgabe

Starte das E-Mail-Programm auf deinem PC. Schreibe eine neue E-Mail.
Klicke auf *Neu* und dann auf *E-Mail.*
Nun öffnet sich dieses (oder ein ähnliches Fenster):

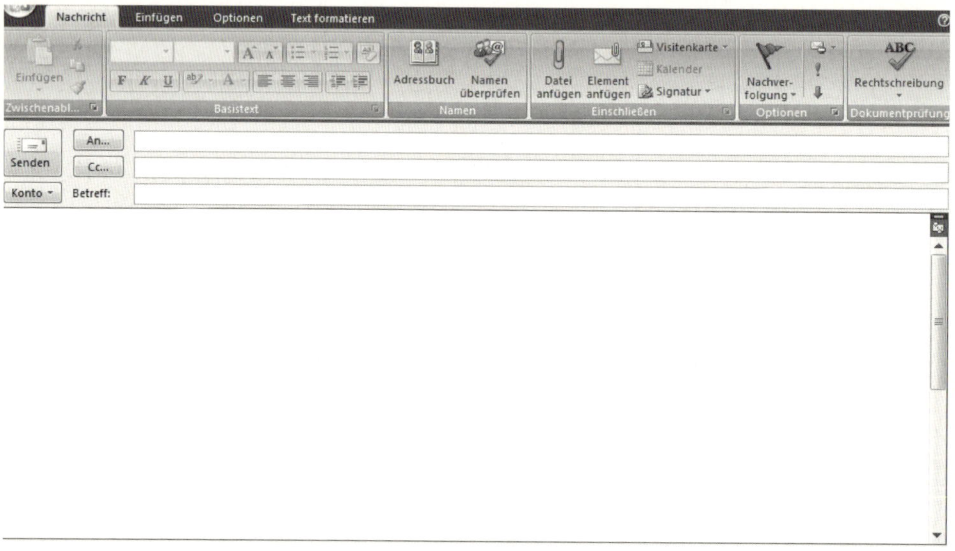

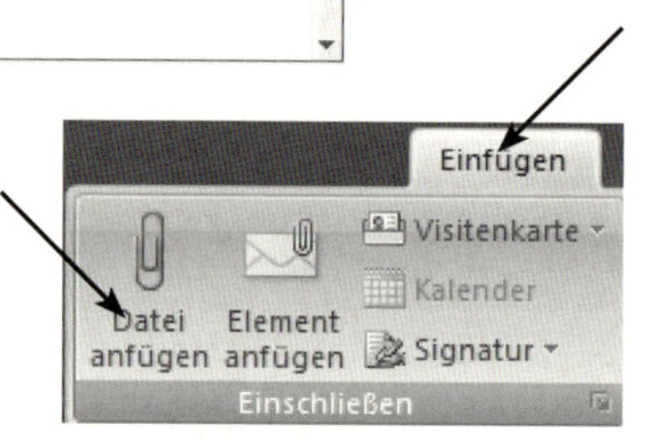

Über das Menü *Einfügen* und die Schaltfläche *Datei anfügen* kannst du dann beispielsweise ein schönes Foto an deine E-Mail anhängen.

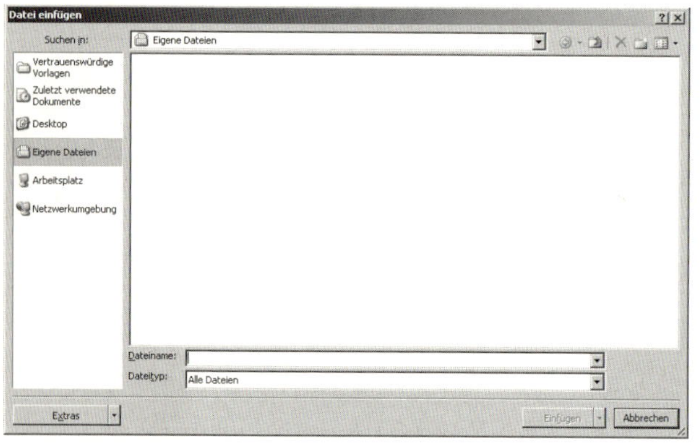

Klicke auf *Datei einfügen* und es öffnet sich dieses Fenster und du kannst eine beliebige Datei, die du verschicken möchtest, auswählen. Klicke die Datei an und dann auf den Button *Einfügen.*

Die ausgewählte Datei ist nun deiner E-Mail hinzugefügt.

Sobald du die E-Mail verschickst, wird auch der Anhang mitgeschickt.

Der Empfänger der Mail erkennt an einer kleinen Büroklammer, dass die E-Mail einen Anhang enthält.

Vorsicht! Öffne nur Anhänge von E-Mails, von denen du den Versender kennst.

Training 12

Sicherheit im Internet (1) – Persönliche Daten

Wenn du fremde Menschen auf der Straße oder deinem Schulweg triffst und sie dich nach deinem Namen und deiner Adresse fragen, dann wirst du diesen sicherlich keine Antwort geben, oder? Ebenso solltest du dich auch im Internet verhalten, denn böse Menschen gibt es auch dort. Beim Chatten im Internet oder bei fremden E-Mails kannst du leider auch nicht sehen, wer dir schreibt. Nicht jeder im Internet sagt die Wahrheit und so geben sich manche als eine andere Person aus, als sie in Wirklichkeit sind. So kann jemand, der sagt, dass er ein zehn Jahre altes Mädchen ist, auch ein 40-jähriger Mann sein …

Beim sogenannten Chatten (auf Deutsch „Plaudern") solltest du nicht deinen wirklichen Namen benutzen, sondern einen Spitznamen. Dieser Spitzname sollte frei erfunden sein. Du kannst auch Zahlen an deinen Spitznamen dranhängen, aber nie dein Alter oder dein Geburtsjahr. Natürlich kannst du im Chat oder in E-Mails über deine Hobbys, Sport und Lieblingsfilme oder Bücher sprechen. Die Namen deines Sportvereins und wann du trainierst darfst du aber nicht weitergeben.

Solltest du die Möglichkeit haben, Fotos von dir ins Internet hochzuladen, dann lass das lieber sein! Diese Fotos können von jedem kopiert werden. Sie sind dann für immer im Internet, auch wenn du dich später vielleicht schämst oder sie nicht mehr im Internet sehen möchtest.

Wichtige Sicherheitsregeln:

1. Die folgenden persönlichen Informationen solltest du nie über das Internet weitergeben: deinen Namen, dein Alter, deinen Wohnort, deine Telefonnummer und den Namen und Ort deiner Schule.
2. Triff dich nie allein mit „Freunden aus dem Internet", die du noch nie in Wirklichkeit gesehen hast. Nimm immer deine Mutter oder deinen Vater zum ersten Treffen mit.
3. Frage immer erst deine Eltern um Erlaubnis, ob du ein Bild im Internet verschicken darfst.
4. Dir kommen Nachrichten oder ein Chat merkwürdig vor, du bekommst von einer Nachricht oder einem Internetgespräch ein merkwürdiges Gefühl oder aber sogar Angst? Antworte nie auf solche Nachrichten und sprich mit deinen Eltern oder Lehrern darüber und zeige ihnen die Nachricht.

Aufgabe 1

Überlege dir einen Spitznamen für einen Chat.

Aufgabe 2

Erstelle ein Poster zum Thema „Sicherheit im Internet". Zeichne zu allen vier Sicherheitsregeln Bilder und schreibe mit deinen eigenen Worten die Regeln darunter.
Achtung! Lass noch Platz für zwei weitere Regeln.

Sicherheit im Internet (2) – Chat

Hier ist ein Gespräch aus einem Chat abgedruckt. Lies es durch.

```
Harrypotter2021 ist neu zum Chat dazugekommen
Lisa11 ist neu zum Chat dazugekommen
```

Harrypotter2021:	Hi, ich bin Harrypotter. Biste heute das erste Mal im Chat?
Lisa11:	Hi Harrypotter. Ich bin Lisa Meyer. Ja, ich bin heute das erste Mal hier. Schön spannend...
Harrypotter2021:	Cool! Na dann mal herzlich willkommen. Freut mich. Woher kommst du denn?
Lisa11:	Danke. Ich komm aus Oldenburg in Niedersachsen.
Harrypotter2021:	Da fahren wir in der nächste Woche in den Weihnachtsferien hin.
Lisa11:	Das ist ja lustig. Was wollt ihr denn da genau machen?
Harrypotter2021:	Meine Eltern wollen sich dort die Altstadt und den Lambertimarkt angucken:-(
Lisa11:	Da sind vor Weihnachten immer ganz schön viele Leute. Sogar mittags schon, wenn ich aus der Schule komme und über den Markt nach Hause gehen muss.
Harrypotter2021:	Du wohnst in der Altstadt? Das ist ja lustig!
Lisa11:	Ich wohne nicht nur in der Altstadt. Auch meine Schule, die Wallschule, ist fast in der Altstadt.
Harrypotter2021:	Dann musst du ja nicht weit fahren.
Lisa11:	Noch nicht mal einen Kilometer. Dann bin ich schon zuhause in der Mühlenstraße 1.
Harrypotter2021:	Und, was machst du außerhalb der Schule?
Lisa11:	Ich bin im Oldenburger Turnverein und spiele Tischtennis. Und du?
Harrypotter2021:	Ich spiel hier in Bremen Fußball und bin dort Stürmer. Ähm, ich muss jetzt leider Hausaufgaben machen. Meine Mutter ruft schon:-(
Lisa11:	Wann bist du denn genau da? Vielleicht können wir uns ja treffen und ins Kino gehen?!? Du kannst mich unter 0441/666....

Aufgabe 1

Lisa hat in Ihrem ersten Chat viele Fehler begangen. Unterstreiche die Fehler.

Aufgabe 2

Schreibe neben die Fehler, was sie falsch gemacht hat.

Sicherheit im Internet (3) – Passwörter

Wenn du etwas Wichtiges in deinem Zimmer schützen willst, dann schließt du es irgendwo ein oder versteckst es. Ebenso solltest du mit deinen Passwörtern umgehen. Die Passwörter sind wie Schlüssel zu deinen E-Mails oder deinem Chat.

Damit nicht jeder gleich dein Passwort erraten kann, solltest du keine Zusammensetzung aus Namen oder Spitznamen mit deinem Geburtstag oder Geburtsjahr nehmen.
Es ist aber gar nicht so schwer, gute Passwörter zu finden, die du dir gut merken kannst. Passwörter sind besonders sicher, wenn sie aus mindestens acht Zeichen bestehen und aus Buchstaben, Ziffern und sogenannten „Sonderzeichen" (wie: ! , $? ; : -) zusammengesetzt sind.

Du kannst zum Beispiel ein sicheres Passwort nehmen, wenn du die Anfangsbuchstaben von Sätzen nimmst und sie mit Zahlen verbindest.

Morgens **m**uss **i**ch **i**mmer **u**m **7:00** **m**eine **Z**ähne **p**utzen.	Mmiiu7:00mZp.
Mein **H**amster **h**eißt **R**ingo **u**nd **i**st **3,0** **k**g **s**chwer.	MHhRui3,0ks.

Diese beiden Passwörter oder ähnliche Sätze kannst du natürlich nicht mehr nutzen, da sie jeder aus der Klasse kennt. Du hast aber bestimmt Ideen für andere Sätze, aus denen du ein Passwort machen kannst.

Wichtige Sicherheitsregel:

5. Gib niemandem dein Passwort weiter, nicht einmal deinem besten Freund!

Aufgabe 1

Überlege dir ein sicheres Passwort, das aus mindestens acht Zeichen und aus Buchstaben, Ziffern und Sonderzeichen besteht.

Aufgabe 2

Lasse das Passwort von deinem Lehrer oder deiner Lehrerin kontrollieren.

Aufgabe 3

Zeichne ein Bild zur Sicherheitsregel 5.

Für den Lehrer: Siehe Hinweis Seite 83.

Sicherheit im Internet (4) – Viren

Grippekranke wirst du sicher nicht besuchen, damit du dich nicht selbst mit den Viren ansteckst und krank wirst. Auch Computer können sich mit Viren, den sogenannten „Computerviren“, anstecken. Diese Computerviren sind kleine Dateien, die sich auf schlechten Seiten im Internet verstecken oder an E-Mails von unbekannten Personen angehängt sind. Klickst du auf die Dateien, wird dein Computer krank. Der Virus steckt weitere Dateien an und pflanzt sich so fort. Manche Viren erzeugen nur eine seltsame Meldung auf dem Bildschirm, andere bringen den Computer zum Absturz, löschen einzelne Dateien oder aber den ganzen Inhalt deiner Festplatte.

Neben den Computerviren gibt es die „trojanischen Pferde“ und die „Computerwürmer“. Vom Trojanischen Pferd aus Griechenland hast du vielleicht schon mal gehört. Das trojanische Pferd im Computer hat aber keine Soldaten, sondern kleine Programme im Bauch, die sich von dir unbemerkt installieren und deinen Computer ausspionieren. Das „Pferd“ sucht vor allem nach Passwörtern und Zugangsdaten. Im schlimmsten Fall kann sogar dein Computer von einem Fremden ferngesteuert werden.

Vor den Schädlingen kannst du deinen PC nur schützen, wenn dein Betriebssystem immer auf dem neuesten Stand ist, du eine Firewall hast und ein Antiviren-Programm installiert ist, das auch immer auf dem neuesten Stand ist. In der Schule sorgt jemand dafür, dass die Computer vor den Schädlingen geschützt sind.

Wichtige Sicherheitsregel:

6. Öffne niemals E-Mails mit Anhängen, wenn du den Absender nicht kennst!

Aufgabe 1

Was sind Computerwürmer? Suche auf www.blinde-kuh.de nach Informationen.

Aufgabe 2

Welches Antiviren-Programm ist auf deinem PC zu Hause installiert? Schreibe auf.

Aufgabe 3

Informiere deine Eltern darüber, wie wichtig es ist, dass das Betriebssystem auf dem neuesten Stand ist, es eine Firewall gibt sowie auf dem PC immer ein aktuelles Antiviren-Programm installiert ist.

Internet – Netiquette

Das Schreiben von E-Mails ist heute gang und gäbe. Dabei kann es aber schnell zu Missverständnissen kommen. Der Empfänger einer E-Mail kann beim Lesen etwas falsch verstehen. So kann eine in netter Absicht gesendete Mail eine ganze „Lawine" hitziger Reaktionen und dann Antwort auf Antwort nach sich ziehen.
Das passiert leider viel zu häufig.
Dem kannst du in deinen Mails vorbeugen, indem du ein paar „Spielregeln" für das Schreiben von E-Mails beachtest. Diese Spielregeln werden auch Netiquette genannt (das Wort setzt sich zusammen aus „nett" und „(Et)iquette").

Netiquette in E-Mails

- Fasse dich kurz!
  Beantworte Fragen kurz und knapp. Kopiere bei einer Antwort-Mail nicht den ganzen Text der vorherigen Mail. Bei mehreren Fragen antworte immer direkt unter der jeweiligen Frage.

- Verschicke keine Massen-E-Mails!
  Verschicke bitte keine E-Mails ungefragt an mehrere Adressaten. Du möchtest selbst auch nicht ungefragt Massen-E-Mails erhalten.

- Verschicke keine leeren E-Mails!
  Solltest du eine Datei (z. B. ein Foto) an jemanden schicken wollen, schreibe einen kurzen Text dazu, in dem klar wird, was der Inhalt deiner E-Mail ist.

- Schreibe immer etwas in die Betreff-Zeile!
  Ohne Betreff kann der Empfänger deiner E-Mail nicht wissen, um was es sich handelt. Womöglich schiebt er deine E-Mail ungelesen in den Papierkorb.

- Schreibe eine nette Anrede!
  Auch du freust dich, wenn du nett angesprochen wirst!

- Benutze Groß-und Kleinschreibung!
  WENN DU NUR GROß SCHREIBST, GLAUBT DER EMPFÄNGER DU WÜRDEST SCHREIEN. wenn du nur klein schreibst, glaubt der empfänger vielleicht, dass du bequem und faul bist.

- Zeige dem Leser deiner E-Mail deine Stimmung!
  Du kannst dem Leser zeigen, ob du dich über etwas freust ☺ oder ob du traurig bist ☹ . Aber nutze nicht zu viele dieser „Emoticons", sonst geht schnell die Übersicht verloren!

- Wenn du mit dem Inhalt einer E-Mail nicht einverstanden bist, antworte später.
  Solltest du eine E-Mail erhalten, über die du dich ärgerst, antworte nicht sofort. Lass dir Zeit und überdenke deine Antwort. Denn: Was du einmal verschickt hast, kannst du nicht wieder rückgängig machen.

Wenn du dich an diese Spielregeln hältst, freut sich jeder über eine E-Mail von dir!

Aufgabe 1

Stellt in eurer Klasse Netiquette für den E-Mail-Verkehr auf. Schreibt diese auf ein DIN-A3-Plakat, das in eurer Klasse sichtbar aufgehängt werden kann. Ergänzt dazu obige Regeln oder findet eigene.

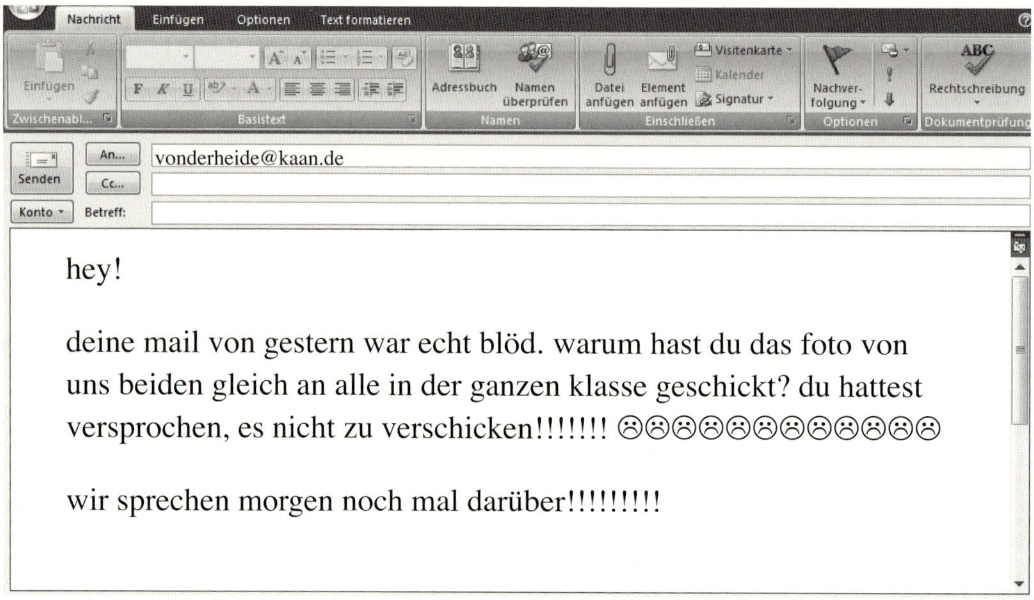

Aufgabe 2

Korrigiere die oben abgebildete Mail. Nutze dazu die Netiquette und versuche, den Inhalt nett und höflich zu formulieren.

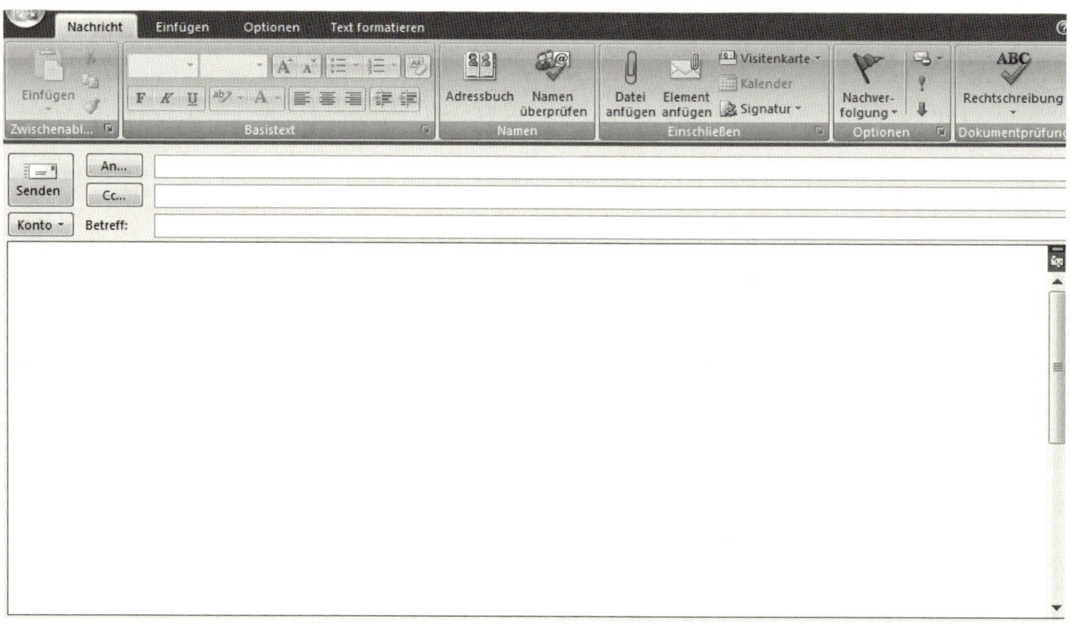

Internet – Suchstrategien

Du kannst das Internet nutzen wie ein riesiges Lexikon, wenn du bestimmte Informationen suchst. Du wirst über (fast) alles einen Eintrag finden. Dabei musst du aufpassen, dass du dich nicht verzettelst und deine ursprüngliche Suche nicht aus den Augen verlierst.

Aufgabe 1

Starte den Internet Explorer. Gib die Internet-Adresse http://de.wikipedia.org ein. Du befindest dich nun auf der Startseite eines riesigen Internet-Lexikons.

Gib nun in das Suchfeld den Begriff „Schule“ ein.

Es öffnet sich folgende Seite:

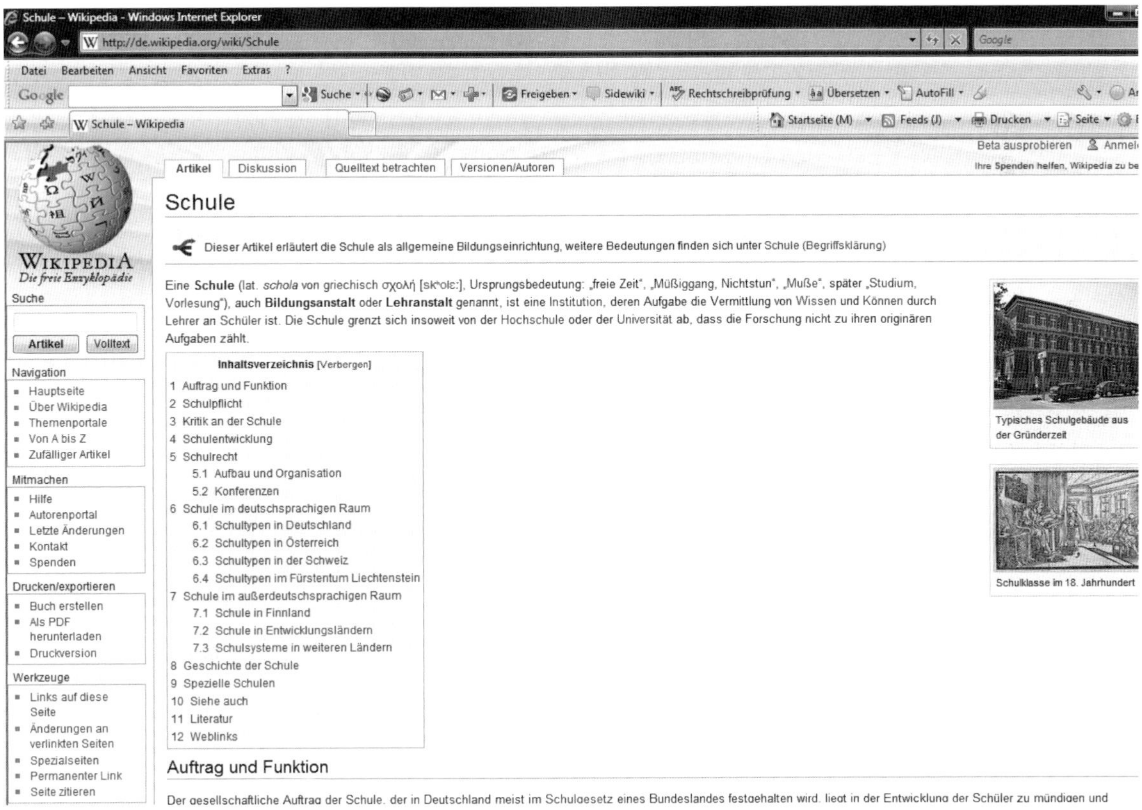

Du findest hier nun jede Menge Informationen rund um das Thema „Schule“: Von der Geschichte der Schule bis hin zu den verschiedenen Schultypen in Deutschland. Jeder Begriff, der farbig (meist blau) unterlegt ist, führt zu einer neuen Seite, sobald du diesen anklickst. So kannst du schnell mit nur wenigen Klicks auf verschiedenste Seiten kommen, die mit deiner ursprünglichen Suche („Schule“) nichts mehr zu tun haben.

Wildes Rumklicken ist nicht erlaubt!

Aufgabe 2

Gestalte ein kleines Referat zum Thema „*Gibt es Leben auch auf anderen Planeten?*“.
Die Informationen sollst du im Internet recherchieren (ermitteln).
Dabei kann dir neben „Wikipedia“ auch die Seite www.google.de helfen, die eine sogenannte „Suchmaschine“ ist. Rufe die Seite auf.

In das Textfeld kannst du deine Suchbegriffe eingeben.

Überlege, welche Suchbegriffe du eingeben kannst, damit du Informationen zu deinem Thema findest. Mögliche Suchbegriffe wären beispielsweise:

1. ______________________
2. ______________________
3. ______________________

Probiere aus.

Solltest du mit diesen Begriffen keine Informationen und Adressen von Internetseiten angezeigt bekommen, die dir weiterhelfen, dann versuche Synonyme (ähnliche, sinnverwandte Wörter) für die Begriffe zu finden, die du eingegeben hast.

Aufgabe 3

Finde vier Synonyme für das Wort „Planet“:

① ______________ ② ______________ ③ ______________ ④ ______________

TIPP! *Finde Synonyme, um deine Suche präziser (genauer) zu gestalten!*

Um eine Suche im Internet nicht unnötig zu verlängern, ist es hilfreich, den Suchbegriff nicht zu allgemein zu formulieren:
Suchst du beispielsweise die Einwohnerzahl Hamburgs, gibst du in eine Suchmaschine nicht nur den Begriff „Hamburg“ ein, sondern gleich den Begriff „Einwohnerzahl“ dazu. So findest du schnell die Informationen, die dich interessieren. Je allgemeiner deine Suchanfrage ist, desto mehr Ergebnisse wirst du bekommen.

TIPP! Schränke deine Suche durch präzise Begriffe ein.

Training 18

GOLD

Internet – Vertrauenswürdige Quellen

Hast du schon von dem *schrägen Hangnager* oder einer *Steinlaus* gehört?
Es sind ganz besondere Tiere.

1. Geh auf www.google.de und gib einen der beiden Begriffe ein.
2. Erstelle einen Steckbrief des *schrägen Hangnagers* oder der *Steinlaus* mit Bild.

Ist dir beim Erstellen des Steckbriefes etwas aufgefallen? Dir kam etwas komisch vor?
Beide gesuchten Tiere sind Fantasietiere und die Beschreibungen der Tiere sind alle ausgedacht.
Auch andere Sachen im Internet müssen nicht stimmen. Denn jeder Mensch kann eine Webseite ins Internet stellen und auf diesen Seiten kann er soviel Quatsch und Falsches schreiben, wie er möchte. Wenn du etwas im Internet suchst und Informationen findest, dann musst du immer kontrollieren, ob diese Informationen auch stimmen.
Das kannst du entweder mit Büchern oder dem Lexikon vergleichen oder aber du schaust auf Internetseiten wie www.blinde-kuh.de nach weiteren Informationen. Die Suchergebnisse, die du auf dieser Seite findest, sind nämlich von einer Redaktion geprüft worden. Die Redaktion achtet darauf, dass alle Suchergebnisse für Kinder verständlich sind und dass sie auch richtig sind.

TIPP!

Überprüfe immer deine gefundenen Informationen, ob sie auch richtig sind!

Die Gold-Prüfung

1. Erstelle einen Text zu deinem Bundesland.
   Finde dazu wichtige Informationen im Internet.

2. Füge Bilder in den Text ein.

3. Gestalte den Text so, dass du eine ansprechende Seite hast.

4. Verschicke den Text als E-Mail.

5. Beantworte die Fragen:
   - Was sind Computerviren?
   - Was solltest du im Chat beachten?
   - Was ist beim Schreiben von E-Mails wichtig?

Mein kleines Computer-Lexikon

von: ____________________

Persen
Persen Verlag

S

Schriftart ____________________

Schriftgröße ____________________

Spalte ____________________

speichern ____________________

Strg ____________________

Strg+C ____________________

Strg+S ____________________

Strg+X ____________________

Symbol ____________________

Symbolleiste ____________________

Synonym ____________________

T

Tabelle ____________________

Taskleiste ____________________

Tastatur ____________________

Tastenkombination ____________________

trojanisches Pferd ____________________

Dokument ____________________

Doppelklick ____________________

E

E-Mail ____________________

E-Mail-Adresse ____________________

Enter ____________________

Excel ____________________

Explorer ____________________

F

F2 ____________________

Fenster ____________________

Festplatte ____________________

Firewall ____________________

Fußzeile ____________________

H

Hochstelltaste ____________________

Mein kleines Computer-Lexikon

A

Alt+F4 ____________________

B

Backspace ____________________

Browser ____________________

Button ____________________

C

CD-ROM ____________________

Chat ____________________

Clip-Art ____________________

Computerwurm ____________________

Cursor ____________________

D

Datei ____________________

Desktop ____________________

Diagramm ____________________

U

Umschalttaste ____________________

V

Virus ____________________

W

Windows-Taste+E ____________________

Word ____________________

Word-Artv

www ____________________

Z

Zeile ____________________

Zellen ____________________

I

Internet ____________________

Internet-Adresse ____________________

K

klicken ____________________

Kontextmenü ____________________

Kopfzeile ____________________

L

Laufwerk ____________________

Links ____________________

M

markieren ____________________

Maus ____________________

Menüleiste ____________________

Monitor ____________________

Multifunktionsleiste ____________________

N

Netiquette ____________________

O

Office ____________________

Ordner ____________________

P

Paint ____________________

Papierkorb ____________________

Passwort ____________________

Postausgang ____________________

Posteingang ____________________

Programme ____________________

R

recherchieren ____________________

Registerkarten ____________________

Übersicht Bronze-Training

Name	Trainingsblätter													Prüfung	Bemerkung
	1	2	3	4	5	6	7	8	9	10	11	12	13		
1.															
2.															
3.															
4.															
5.															
6.															
7.															
8.															
9.															
10.															
11.															
12.															
13.															

Name	Trainingsblätter													Prü-fung	Bemerkung
	1	2	3	4	5	6	7	8	9	10	11	12	13		
14.															
15.															
16.															
17.															
18.															
19.															
20.															
21.															
22.															
23.															
24.															
25.															
26.															
27.															

Übersicht Silber-Training

Name	Trainingsblätter																													Prü-fung	Bemerkung
	1	2	3	4	5	6	7	8	9	10	11	12	13	14	15	16	17	18	19	20	21	22	23	24	25	26	27	28	29		
1.																															
2.																															
3.																															
4.																															
5.																															
6.																															
7.																															
8.																															
9.																															
10.																															
11.																															
12.																															
13.																															

Name	Trainingsblätter																													Prü-fung	Bemerkung
	1	2	3	4	5	6	7	8	9	10	11	12	13	14	15	16	17	18	19	20	21	22	23	24	25	26	27	28	29		
14.																															
15.																															
16.																															
17.																															
18.																															
19.																															
20.																															
21.																															
22.																															
23.																															
24.																															
25.																															
26.																															
27.																															

Übersicht Gold-Training

Name	Trainingsblätter																		Prü-fung	Bemerkung
	1	2	3	4	5	6	7	8	9	10	11	12	13	14	15	16	17	18		
1.																				
2.																				
3.																				
4.																				
5.																				
6.																				
7.																				
8.																				
9.																				
10.																				
11.																				
12.																				
13.																				

Name	Trainingsblätter																		Prüfung	Bemerkung
	1	2	3	4	5	6	7	8	9	10	11	12	13	14	15	16	17	18		
14.																				
15.																				
16.																				
17.																				
18.																				
19.																				
20.																				
21.																				
22.																				
23.																				
24.																				
25.																				
26.																				
27.																				

Anhang

Praktische Hinweise für die Lehrkräfte

Seite 44, Internet – Der Browser

www.tivi.de	ja
www.123456789.de	nein
www.trampeltier.de	ja
www.helles-koepfchen.de	ja
www.blinde-kuh.de	ja
www.kindernetz.de	ja
www.kahnello.de	nein
www.lilipuz.de	ja
www.von-der-heide.de	nein

Das Internet ist schnelllebig. Bitte testen Sie die genannten Seiten vor Einsatz der Kopiervorlage und tauschen Sie diese ggf. aus.

Seite 67, Sicherheit im Internet (3) – Passwörter

Sollte ein Schüler Ihnen das Passwort zeigen, verweisen Sie auf die Sicherheitsregel 5. Zusätzlich sollte der Schüler sich ein neues Passwort überlegen, dass er beim nächsten Mal wieder vorzeigt. Will der Schüler mit Verweis auf die Sicherheitsregel 5 sein Passwort nicht zeigen, ist das Lernziel erreicht.